UMA
NOVA HISTÓRIA
DE AMOR

MARCIA & DARRELL MARINHO

UMA NOVA HISTÓRIA DE AMOR

ESCREVA AQUI O TÍTULO DA SUA NOVA HISTÓRIA DE AMOR

Thomas Nelson
BRASIL®

Copyright © 2019 por Darrell Marinho e Marcia Marinho

Todos os direitos desta publicação são reservados por Vida Melhor Editora S.A.

As citações bíblicas são da Nova Versão Internacional, a menos que seja especificada outra versão da Bíblia Sagrada.

Os pontos de vista desta obra são de total responsabilidade de seu autor, não refletindo necessariamente a posição da Thomas Nelson Brasil, da HarperCollins Christian Publishing ou de sua equipe editorial.

Gerente editorial: *Samuel Coto*
Editor: *André Lodos Tangerino*
Assistente editorial: *Bruna Gomes*
Edição de texto: *Daila Fanny*
Revisão: *Gisele Múfalo*
Projeto gráfico, capa e diagramação: *Maquinaria Studio*

Thomas Nelson Brasil é uma marca licenciada à Vida Melhor Editora S.A.

Todos os direitos reservados à Vida Melhor Editora S.A.

Rua da Quitanda, 86, sala 218 - Centro

Rio de Janeiro - RJ - CEP 20091-005

Tel: (21) 3175-1030

www.thomasnelson.com.br

Dados Internacionais de Catalogação na Publicação (CIP)
Angélica Ilacqua CRB-8/7057

M291s

Marinho, Marcia

Uma nova história de amor / Marcia Marinho e Darrell Marinho. — Rio de Janeiro : Thomas Nelson, 2019.

256 p.

ISBN: 978-85-7167-003-7

1. Casamento - Aspectos religiosos 2. Relação homem-mulher - Aspectos religiosos 3. Vida cristã I. Título II. Marinho, Darrell

19-0716

CDD 248.844

CDU 248.12

INÍCIO HISTÓRIAS REGISTROS

OLÁ, CASAL LINDO!

Nós somos Darrell (de Marcia) e Marcia (de Darrell), e seremos casados e felizes *#parasempre*!

    Talvez vocês se perguntem como podemos ter tanta certeza de que seremos casados e felizes para sempre. A resposta é simples: porque esse é o plano de Deus para o casamento. Quando levantamos da cadeira de diretor da nossa vida e passamos o cargo a Deus, ser casado e feliz para sempre deixou de ser um plano e tornou-se realidade em nossa história *A2*.
    Neste livro, compartilhamos os princípios de Deus que têm nos guiado na construção de uma história de amor linda e inspiradora:

- O casamento foi criado por Deus, e foi ele quem realizou a primeira cerimônia matrimonial.[1] Uma vez que tudo o que Deus fez permanecerá para sempre,[2] o casamento é, sim, *#parasempre.*
- No primeiro casamento Deus determina que, no matrimônio, homem e mulher se tornam uma só carne. Por isso, vivemos *A2*.
- Ser uma só carne não significa estarmos unidos, pois o que está unido pode vir a se separar. Ser uma só carne significa estar *fundido,* pois o que foi fundido não pode mais ser separado. Assim, casamento não é unidade, mas *unicidade,* a fusão de dois seres.
- Sendo eterno, o casamento não pode ser descartado quando apresenta problemas. Se algo não funcionar, precisa ser *consertado.*
- O que nos mantém juntos em meio aos problemas, e nos dá força para superar obstáculos é a presença de Jesus no relacionamento. Ele é a base que sustenta nossa relação.
- Para todos os que o seguem, Jesus promete uma vida plena, em todos os sentidos.[3] Assim, o casamento que não exala vida e alegria apresenta uma disfunção que precisa ser tratada.
- A misericórdia do Senhor se renova sobre nossa vida a cada manhã.[4] Portanto, a despeito de como está seu casamento hoje, ele pode ser melhor amanhã. Hoje pode ser o primeiro dos melhores dias da sua vida, pois o melhor de Deus ainda está por vir.

- Não existe casamento tão ruim que não possa ser consertado, nem tão bom que não possa ser melhorado. Tudo depende de quanto vocês se dedicam a ser pessoas melhores no relacionamento. Quanto mais investirem em ser pessoas melhores, melhor o casamento será. Quanto menos se dedicarem, pior a relação ficará.[5]
- Usamos palavras para profetizar vida em nossa relação. Declaramos que Darrell é de Marcia, e Marcia é de Darrell para atestar a nós mesmos que pertencemos um ao outro, e dizemos de maneira profética que seremos casados e felizes porque cremos que essa é a vontade de Deus para nós.
- Todos merecem ser felizes no casamento. Devemos buscar, então, a felicidade e a eternidade no nosso relacionamento. Se isso não está presente, devemos construir um novo estilo de vida. Vocês podem, sim, ter um novo casamento com o mesmo amor.
- Para isso, basta transformar práticas boas num hábito diário em sua vida *A2*.

QUEM ESCOLHE O QUE LER AQUI SÃO VOCÊS

A maioria dos livros é lida capítulo após capítulo, cronologicamente do começo ao fim. Este não! Quem dita a ordem da leitura são vocês, com base em suas necessidades e naquilo que entendem que precisam melhorar ou aprender.

Para isso, vamos fazer um diagnóstico. Como vocês avaliam hoje cada uma das seguintes áreas da sua história *A2*?

ESPIRITUALIDADE

SOLIDEZ

SONHOS EM COMUM

PAPEL COMO MULHER (PARA ELA RESPONDER)

PAPEL COMO MARIDO (PARA ELE RESPONDER)

CRIAÇÃO DE FILHOS

FELICIDADE NO DIA A DIA

ROMANCE

SEXO

COMUNICAÇÃO

DINHEIRO

Cada uma das áreas acima corresponde a um capítulo do livro, na mesma ordem: a primeira área (espiritualidade) corresponde ao primeiro capítulo (*Felizes #paraaeternidade*); a segunda área (solidez) corresponde ao segundo capítulo (*Indestrutível*), e assim por diante. Nossa sugestão é que vocês comecem a leitura pelos capítulos com pior avaliação. No epílogo, vocês encontram outro guia de avaliação; ao escolherem a área de seu relacionamento com a qual vão trabalhar, marquem lá a data em que começarão seu "tratamento" e avaliem como está a situação dessa área na relação de vocês. Refaçam isso cada vez que voltarem ao livro. Assim, terão um registro de sua história A2!

Sugerimos que não leiam o livro todo de uma vez. O ideal é que trabalhem área por área e, desse jeito, comecem a reescrever com consistência sua nova história de amor. Entendam que esse processo de escrever não fica perfeito na primeira tentativa. No começo, são apenas rabiscos; depois a história vai passando por muitas correções. Não desanime se as coisas não mudarem imediatamente. Contudo, tenham em mente que a mudança não vem da leitura deste ou de qualquer outro livro, mas de colocar em prática o que vocês têm aprendido. Para isso, inserimos algumas tarefas que devem ser cumpridas assim que elas aparecem! Não prossigam com a leitura antes de completarem as atividades.

Além do conteúdo apresentado aqui, vocês encontram centenas de tutoriais em nosso canal no YouTube, TvA2. Recomendamos que vocês assistam aos vídeos para se aprofundarem na área do casamento em que decidirem trabalhar. Ao sentirem as coisas fluírem melhor na área escolhida, é possível avançar de forma mais eficaz para a leitura de outro capítulo.

Nossa oração é para que sua história também dure **#parasempre** e espalhe amor na vida das pessoas com as quais vocês convivem, alcançando várias gerações!

NOTAS ✕

1. Gênesis 2:21-25
2. Eclesiastes 3:14
3. João 10:10
4. Lamentações 3:22-23
5. Gálatas 6:7b

IR PARA O MENU

UMA NOVA HISTÓRIA DE AMOR

POPULARES TvA2

12

32

52

VIDA EM FAMÍLIA

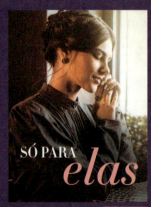
76

96

114

MAIS ROMANCE E MENOS DRAMA

136 160 180

CHEGA DE SUSPENSE

202 222 REGISTROS 244

Você está aqui:
HISTÓRIAS > POPULARES TvA2 > FELIZES #paraaeternidade

POPULARES TvA2

Ser feliz para sempre é bom demais! Mas e se vocês puderem ser felizes por toda a eternidade? Sim, é possível, porque a eternidade começa agora!

ASSUNTOS Espiritualidade
Deus
Eternidade
Fé
Oração
Propósito

13

Atividade

ESCREVA A CENA

Vocês dois já conversaram a respeito da eternidade? Hum, esse assunto certamente não está entre os TOP 10 das coisas que um casal geralmente discute. Mesmo assim, pensem: como é (ou seria) um bate-papo entre vocês a respeito da eternidade? O que vocês pensam a respeito desse assunto?

Recriem o diálogo na página seguinte, escrevendo suas falas nos balões. Se precisarem de mais espaço para escrever, utilizem os adesivos de balão de fala encartados no livro. Vocês também podem usar as outras figuras adesivas para expressar melhor a reação e o sentimento de cada um quando o assunto é eternidade.

ELEMENTOS DA TRAMA

Conheça a seguir alguns conceitos-chave superimportantes a respeito da eternidade (e do porquê seu casamento tem tudo a ver com ela).

1. DEUS
Tudo o que existe começa e termina em Deus,[1] inclusive o casamento, um projeto que nasceu no coração dele.[2] O Senhor é o patrono do casamento, e é ele quem sela a união conjugal do homem e da mulher em qualquer lugar do mundo.[3]

2. ETERNIDADE
O homem e a mulher foram feitos à imagem e semelhança do Criador e, por isso, são espiritualmente eternos.[4] Portanto, nosso relacionamento com Deus nesta vida irá determinar nosso destino eterno.[5]

3. DEVOCIONAL

Os devocionais são minutos que separamos diariamente para estarmos sozinhos e pensarmos em Deus. Nesses momentos íntimos com o Senhor, geralmente oramos, conversando com ele sobre assuntos bastante pessoais, e lemos a Bíblia para conhecermos sua vontade e sermos transformados por ele.

4. BÍBLIA

A Bíblia contém tudo o que Deus gostaria que soubéssemos a respeito dele, do mundo e de nós mesmos. Por isso, ela funciona como um manual para a vida e expressa os princípios que farão seu casamento florescer.

5. ORAÇÃO DO CASAL

A oração é o poderoso canal de comunicação entre nós e Deus. Mas ele se torna ainda mais poderoso quando acessado em conjunto. Orando como casal, vocês podem receber mais poder dos céus para seguir seus sonhos, pedir conselhos e buscar orientação.

Temos certeza de que vocês já ouviram a expressão "até que a morte os separe". É um clássico das cerimônias de casamento, proferido pelos noivos em seus votos quando prometem, um ao outro, amor, fidelidade, cuidado e devoção até o dia em que um dos dois partir.

Todas essas promessas trocadas ao pé do altar, ou diante do juiz de paz, são necessárias para manter a boa convivência do casal ao longo da vida. No entanto, o casamento pode ser muito mais do que um esforço para manter a boa convivência "até que a morte os separe". Vocês podem investir na vida um do outro tendo em vista a *eternidade*!

A eternidade não é um mero detalhe, ela é o elemento central da nossa existência, e não tem como escrever uma bela história de amor se deixarmos a eternidade de fora.

Nada é mais importante para mim, Darrell, do que me preocupar com a eternidade da Marcia (e vice-versa). E digo mais, preciso entender que Deus me colocou na vida de minha esposa com a missão de investir positivamente na eternidade dela. Por isso, minhas ações e minhas palavras devem ter sempre esse propósito.

Vocês podem fazer isso por meio de pequenas atitudes diárias. As práticas que listamos a seguir irão ajudá-los a ter mais consciência da eternidade no dia a dia e a incluí-la na nova história de amor que começaram a escrever juntos. Prontos para o desafio?

1. COMPARTILHEM A CAMINHADA ESPIRITUAL UM COM O OUTRO

Há casais que compartilham até a escova de dentes, mas que não têm a menor ideia do que o outro pensa a respeito da eternidade.

Você sabe quais são os pensamentos do seu amor sobre Deus e a eternidade? Sabe como vai a saúde espiritual dele? E ele, sabe o que você pensa sobre esse assunto e como está espiritualmente?

A intimidade espiritual é um *superadubo* para o casamento. Ela ajuda a desenvolver a confiança e a intimidade em outras áreas da relação e também melhora a comunicação do casal. Acreditamos que esse é um dos níveis de intimidade mais profundos que podem existir entre duas pessoas; portanto, não acontece espontaneamente. A intimidade espiritual precisa ser cultivada e preservada em sua história de amor.

Uma ótima forma de desenvolvê-la é compartilhando detalhes de sua vida espiritual com seu amor. Vocês podem fazer isso conversando entre si sobre tópicos como estes:

1. **Quais pecados você tem tido dificuldade de vencer?**
2. **Com que tipo de dificuldade espiritual você está lidando hoje (dúvidas, decepções, confusões etc.)?**

3. **Quais princípios bíblicos você tem tentado colocar em prática ultimamente?**
4. **O que você já superou na sua caminhada espiritual?**
5. **Como tem sido seu tempo a sós com Deus?**
6. **Quais têm sido seus pedidos de oração?**
7. **O que você tem descoberto a respeito do Senhor e de si mesmo enquanto lê a Bíblia?**

Essas são algumas sugestões; vocês podem pensar em muitos outros assuntos. É megaimportante compartilhar suas necessidades e seus avanços espirituais um com o outro. Algumas pessoas podem achar que a vida íntima com Deus é assunto confidencial e, por isso, não deve ser comentado. No entanto, a própria Bíblia ordena os cristãos a tratarem entre si de suas dificuldades, seus fardos e até pecados.[6] É claro que isso não é para ser compartilhado com qualquer pessoa, somente com gente de confiança. Então, quem poderia ser mais indicado para essa tarefa do que o seu próprio amor? Compartilhem suas experiências espirituais, confessem seus pecados entre si e vocês fortalecerão ainda mais os laços entre si e com Deus.

A segunda dica é uma evolução natural da primeira.

2. RESPONSABILIZEM-SE UM PELO OUTRO

Em outras palavras, zelem pela vida espiritual do seu cônjuge. Cuidem um do outro espiritualmente. Quando vocês compartilham os detalhes de sua caminhada espiritual, acabam se tornando responsáveis um pelo outro. Vão ajudar o outro a superar suas dificuldades espirituais, irão se animar mutuamente quando o desânimo chegar, poderão fazer cobranças gentis quando o outro se mostrar negligente ou até meio preguiçoso em seu relacionamento com o Senhor.

Atenção: não significa virar "fiscal religioso" do cônjuge, e sim demonstrar um interesse sincero pelo desenvolvimento espiritual dele!

A Bíblia é quem dá ao casal o direito e a responsabilidade de exortar e ser exortado mutuamente, ou seja, de animar um ao outro a permanecer firme na caminhada cristã. Há muitos textos bíblicos que falam do assunto, mas um é especialmente interessante: "Procuremos encorajar-nos uns aos outros, ainda mais quando vocês veem que se aproxima o Dia".[7] Que "Dia" é esse? É a vinda de Cristo, o Dia em que a eternidade será inaugurada!

Ao se responsabilizarem um pelo outro, vocês estão assumindo o compromisso de mudar e crescer espiritualmente com o apoio do cônjuge. Assim, quando um de vocês compartilha uma meta espiritual que deseja alcançar, o outro já se empenha em ajudar por meio da oração e cuidando de detalhes que apoiem a iniciativa do parceiro. Por exemplo: se a mulher quer se dedicar ao jejum em determinado dia, o marido pode se oferecer para cuidar da refeição do restante da família naquele período. Se o marido, em outro caso, comenta que quer falar do evangelho a um colega de trabalho, a esposa pede o nome do amigo e se empenha em orar por essa conversa. Dessa forma, além de receber suporte para alcançar suas metas espirituais, também ficará muito mais difícil se esquecer ou desistir delas, pois se tornaram metas dos dois.

Uma segunda forma, bastante útil e importante,

de se responsabilizar um pelo outro é ter seu momento de oração como casal.

A oração é eficiente. As coisas mudam quando oramos. Jesus disse: "Peçam e lhes será dado; busquem, e encontrarão; batam e a porta será aberta".[8] Ele deseja fazer muito mais do que pedimos ou do que pensamos.[9] E podemos multiplicar por mil os benefícios da oração no casamento. Casais que oram juntos se mantêm juntos e constroem um patrimônio que irá durar para a eternidade. Além disso, a oração do casal tem mais poder, pois quando duas ou mais pessoas pedem algo a Deus e em concordância, ele as atenderá[10] — imagina, agora, se forem suas pessoas que estão unidas em uma só carne pelo casamento? É disso que vocês precisam para alcançar seus sonhos!

Porém, o Senhor quer que, primeiro, lhe apresentemos nossos pedidos e sonhos. Deus é um cavalheiro. Ele não vai invadir nossa casa (como alguns parentes fazem) ditando como vocês têm de tratar um ao outro, criar os filhos, fazer as compras, lavar a roupa... Ele está à disposição para ajudar, mas só agirá quando for convidado. O Senhor quer que reconheçamos o quanto precisamos de sua ajuda, e o busquemos em oração. Se fizermos isso em casal, melhor ainda.

E antes que vocês digam que não têm tempo para orar, pensem se não encontram tempo para brigar e viver uma vida infeliz de arranca-rabo dentro de casa. Ou vocês acham que essas coisas não tomam tempo? É claro que sim! Viver em pé de guerra requer muita energia física e mental, e é triste que as pessoas prefiram se dedicar a atividades destrutivas em vez de investir seus esforços em atitudes que lhes trarão paz e harmonia.

A questão é que isso não faz parte da nossa rotina. Ao contrário de buscar a ajuda do Senhor, tentamos controlar tudo sozinhos, lutando por conta própria; então, acabamos esbofeteando nosso cônjuge em vez de salvar o casamento. Em vez de esmurrar o ar (ou um ao outro), batalhem juntos pelo casamento, orando como casal.

Vocês verão que, além de conectá-los com o Pai, a oração também os aproximará como casal e facilitará a construção de uma nova história. Se orarem juntos, experimentarão menos conflitos e permanecerão unidos em meio aos desafios da vida. A oração conjunta determina que a casa tem um direcionamento e que Jesus reina nesse lugar. Entendam e declarem que seu lar é propriedade de Deus, e que sua família é propósito e prioridade dele.

Creia que tudo que Deus precisa para mudar sua vida é de um instante. Apenas isso. Ele pode tornar tudo diferente num piscar de olhos. Basta que vocês o procurem em oração.

Atividade

INTERVALO ||

E então, vocês estão dispostos a aumentar sua intimidade espiritual? Vamos fazer isso agora mesmo!

A seguir estão as questões que listamos na primeira dica. Antes de prosseguir a leitura do livro, reservem uns dez minutos para responder e conversar sobre estes temas:

- Quais pecados você tem tido dificuldade de vencer?
- Com que tipo de dificuldade espiritual você está lidando hoje (dúvidas, decepções, confusões etc.)?
- Quais princípios bíblicos você tem tentado colocar em prática ultimamente?
- O que você já superou na sua caminhada espiritual?
- Como tem sido seu tempo a sós com Deus?
- Quais têm sido seus pedidos de oração?
- O que você tem descoberto a respeito do Senhor e de si mesmo enquanto lê a Bíblia?

Depois de conversar, reflitam: Vocês ficaram surpresos com algo que desconheciam a respeito da vida espiritual do seu cônjuge? Se sim, isso significa que vocês podem aprofundar ainda mais a intimidade espiritual e fazer de conversas como essa algo mais frequente na rotina do casal. Já que estão escrevendo um novo capítulo no livro do seu relacionamento, por que não incluir um novo hábito em sua vida? Então, peguem a agenda e marquem quando será a próxima conversa.

> ▶ CONTINUA

Se vocês fizeram o exercício anterior com bastante atenção, já terão progredido nesta uma linda e encantadora jornada espiritual *A2*. Mas isso não é tudo! Ainda temos mais duas ótimas dicas para vocês desenvolverem sua espiritualidade como casal.

3. CULTUEM JUNTOS

O momento de adoração individual a Deus é muito importante. Cada um tem um momento com o Pai, só você e ele? O Senhor Jesus nos incentivou a cultivar esse momento pessoal quando disse: "[...] quando você orar, vá para seu quarto, feche a porta e ore a seu Pai, que está em secreto. Então seu Pai, que vê em secreto, o recompensará".[11]

No entanto, isso não quer dizer que todo tempo que vocês tiverem com Deus deva ser secreto! Vocês podem — e devem! — compartilhar e programar momentos de culto a Deus em casal. Nós dois, por exemplo, antes de dormir lemos um livro de devocionais para casais, debatemos o assunto e oramos. (Isso quando o Darrell não cai no sono! Kkk.)

Cada casal pode fazer aquilo que se sente mais à vontade e de que gosta mais: cantar, estudar a Bíblia ou orar juntos. E vocês podem fazer isso como casal ou na companhia de outras pessoas, como amigos íntimos e familiares. Na Bíblia, lemos sobre o casal Áquila e Priscila, que gostava de estudar e ensinar a Palavra de Deus e, assim, chegou até a acolher uma igreja em sua casa![12] Da mesma maneira, se vocês criarem o hábito de cultuar Deus em casal ou em família, muitas outras pessoas poderão ser impactadas pela sua vida, e seu casamento irá influenciar positivamente na eternidade de mais gente.

E para completar:

4. SIRVAM A DEUS JUNTOS

Costumamos dizer que se alguém não é servo, é porque ainda não encontrou o Senhor em sua vida. Tem muita gente que sai por aí dizendo que Jesus é Senhor e Salvador com o único objetivo de serem salvas de milhares de coisas. Não desejam servir e nem se submeter ao senhorio de Cristo em sua vida. Quem age assim continua da mesma maneira que estava antes, sem apresentar mudança ou maturidade espiritual. Isso é muito perigoso, porque é possível pensar que conhecemos Jesus, mas na eternidade o Senhor poderá nos surpreender dizendo que não nos conhece.[13]

Se vocês querem crescer espiritualmente de verdade, unam-se ao Corpo de Cristo. Alguns acham que igreja é invenção das pessoas, contudo Jesus disse que é ele quem edifica a igreja.[14] Por isso, vocês precisam fazer parte dela, e ela, sem dúvida, não pode ficar de fora da história do seu relacionamento!

A história da nossa família mudou muito quando resolvemos servir a Deus juntos em uma igreja. Hoje, essa é uma das ações principais da nossa vida, e nos sentimos preenchidos com essa experiência. Somos um casal muito melhor depois disso.

Vocês não precisam necessariamente servir no mesmo projeto dentro da igreja. Cada um tem habilidades específicas que, às vezes, os direcionam para áreas de atuação diferentes. Não tem problema. A única coisa que gostaríamos de recomendar é que, se possível, sirvam na *mesma* igreja. Não temos dúvidas de que o trabalho lado a lado dentro do Corpo de Cristo irá aproximá-los ainda mais, de maneira que vocês não pensavam ser possível antes.

***

Não sabemos em que estágio vocês estão na intimidade espiritual. Mas temos certeza de que na nova história da sua vida, Jesus não pode ser coadjuvante, nem figurante, nem mesmo dublê nas cenas de perigo. Ou Cristo é o diretor (e sua vida segue conforme as orientações dele) ou ninguém vai querer ver esse filme sabendo que o final é trágico...

Por isso, trazer Jesus para dentro da sua vida fará com que seu casamento seja ainda mais empolgante, e inspire muitos outros casais a reescreverem uma história apaixonante, centrada em Jesus e feliz *#parasempre!*

FIM

Atividade

REESCREVA O EPISÓDIO

Quais são as quatro dicas para desenvolver intimidade espiritual no casamento?

1. _____
2. _____
3. _____
4. _____

Qual delas vocês ainda não praticam e vão começar agora, assim que terminarem de ler este capítulo?

_____

Recomendamos

PORQUE VOCÊS ASSISTIRAM A

Se vocês quiserem se aprofundar mais no assunto da espiritualidade do casal, deixamos aqui algumas sugestões de vídeos aos quais podem assistir juntos e discutir posteriormente. Acessem o canal www.youtube.com/momentoA2 e aproveitem.

▶ CASAIS INTELIGENTES ORAM JUNTOS (PARTES 1 E 2)

Os casais mais inteligentes que nós já conhecemos praticam este segredo: eles oram juntos! Nessa minissérie, vocês aprenderão como fazer da oração conjunta um hábito no seu casamento.

▶ 12 MANEIRAS DE TER UMA CONVERSA MAIS ÍNTIMA COM DEUS

Todo mundo sonha em ter mais intimidade com Deus. Mas por que as pessoas não conseguem alcançar essa intimidade? E como vocês podem chegar lá? As doze sugestões nesse vídeo vão ajudá-los a encontrar o caminho para alcançar esse objetivo.

▶ O PODER DA ESPOSA QUE ORA

Exclusivo para mulheres! Descubra alguns segredos para ser superpoderosa na oração e ver grandes transformações acontecendo em seu casamento.

ERROS DE GRAVAÇÃO

Quais são os erros mais comuns que os casais comentem quando o assunto é espiritualidade?

EXCLUEM O OUTRO DE SUAS DECISÕES ESPIRITUAIS

Foi Deus quem estabeleceu que o casal se tornasse "uma só carne"[15] após o casamento, e ele leva isso a sério até quando o assunto é a vida espiritual. Assim, a Bíblia deixa claro que nenhum cônjuge tem liberdade para tomar decisões espirituais sem consultar o outro.[16] Quem age assim está desrespeitando o cônjuge e o próprio Deus.

NÃO ACEITAM A AUTORIDADE DO OUTRO PARA EXORTÁ-LO

Quando convivemos bem de perto, é mais fácil perceber as falhas e os defeitos do

VOLTAR PARA O MENU

outro. Isso pode levar um cônjuge a não aceitar uma correção ou exortação do outro. No entanto, a Bíblia nos ensina que devemos considerar os outros — qualquer pessoa que seja — superiores a nós mesmos.[17] Devemos ser humildes e aceitar a correção, porque ela vem de Deus para o nosso crescimento.[18]

NOTAS

1. Romanos 11:36
2. Gênesis 2:24
3. Mateus 19:6
4. Gênesis 1:26-27
5. Mateus 25:46
6. Gálatas 6:2;
   1Tessalonicenses 5:11;
   Tiago 5:16
7. Hebreus 10:25
8. Mateus 7:7
9. Efésios 3:20
10. Mateus 18:19-20
11. Mateus 6:6
12. 1Coríntios 16:19
13. Lucas 13:22-27
14. Mateus 16:18
15. Marcos 10:6-9;
    Mateus 19:4-6;
    1 Coríntios 6:15-17;
    Efésios 5:28-33
16. 1Coríntios 7:5
17. Filipenses 2:3
18. Hebreus 12:5-6

PRÓXIMA HISTÓRIA > *INDESTRUTÍVEL*

UMA
NOVA HISTÓRIA
DE AMOR

INÍCIO   HISTÓRIAS   REGISTROS

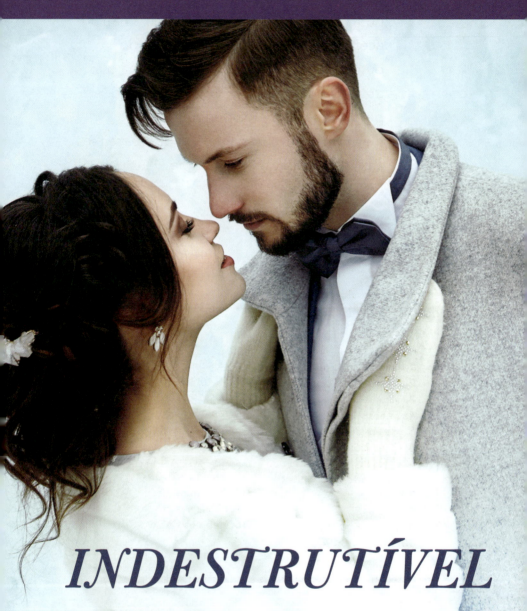

INDESTRUTÍVEL

Conheça as bases de um casamento inabalável

Você está aqui:
HISTÓRIAS > POPULARES TVA2 > **INDESTRUTÍVEL**

POPULARES TVA2

Já imaginaram se fosse possível ter um casamento inabalável, resistente a qualquer tempestade? Mas quem disse que não é possível? Vamos experimentar isso no seu casamento e começar o melhor capítulo da sua vida agora!

ASSUNTOS   Solidez
Amor
Perdão
Gratidão
Gentileza
Bondade
Espírito Santo

Atividade

ESCREVA A CENA

Na opinião de vocês, o que é fundamental para que um casamento supere as dificuldades da vida e do próprio relacionamento A2? Quais são os ingredientes que tornam um casamento indestrutível?

Conversem entre vocês e, depois, reescrevam o diálogo na página seguinte, utilizando os balões. Se precisarem de mais espaço para escrever, usem os adesivos de balões de fala encartados no livro. Vocês também podem usar as outras figuras adesivas para expressar melhor as ideias e o sentimento de cada um a respeito do que é essencial para um casamento duradouro.

ELEMENTOS DA TRAMA

Conheça o elenco básico de qualquer casamento que quer ser indestrutível.

1. AMOR

O amor não é um sentimento, e sim uma habilidade, a maior que o ser humano pode ter, pois representa o próprio Deus.[1] Porém, mesmo sendo essencial, não é a única característica que importa para manter o relacionamento pela eternidade.

2. PERDÃO

Perdoar também não é sentimento, é uma decisão. Para o cristão, perdoar é uma ordenança, pois se o próprio Deus o perdoou, ele não tem o direito de reter o perdão para outra pessoa.[2]

3. GRATIDÃO

Dentro dos princípios de Deus para a vida, ser grato não é opcional, é uma ordem![3] Quando não agradecemos, demonstramos que os outros têm a obrigação de nos tratar bem — inclusive o próprio Deus. Quando somos gratos, cultivamos um coração humilde, capaz de reconhecer que os outros são superiores a nós, como a Bíblia ensina.[4]

4. GENTILEZA
Ser gentil é ser atencioso e considerar o outro, levando em conta seus sentimentos e sua situação. A gentileza não é meramente um ato de cortesia para facilitar seu relacionamento conjugal, mas um mandamento dado por Deus em sua Palavra: "Seja a amabilidade de vocês conhecida por todos [...]".[5]

5. BONDADE
Ser bom não é nada fácil, porque a Bíblia ensina que só existe um que é verdadeiramente bom: Deus.[6] Assim, ser bondoso em seu relacionamento significa agir como Jesus agiria naquela situação, refletindo o caráter de Deus.

6. ESPÍRITO SANTO
Muitas pessoas sabem que Deus existe na forma de Pai, Filho e Espírito Santo, mas algumas pensam que o Espírito Santo é uma força, quando, na verdade, ele é uma Pessoa. O Espírito Santo é o Conselheiro[7] de todos os discípulos de Jesus. Uma das coisas mais fantásticas acerca do Espírito Santo é que ele vive dentro de nós. Ele intercede por nós em nossas fraquezas,[8] e é por meio do seu poder que nosso coração é transformado.

UMA NOVA HISTÓRIA DE AMOR APRESENTA > *INDESTRUTÍVEL*

PLAY ▶

Quem nunca viu este filme antes?

O casal vive no maior *love*. Praticamente não se chamam pelo nome, porque têm um monte de apelidos fofinhos para falar um com o outro. Os dois vivem grudados, dando a impressão de que podem morrer se ficarem afastados por apenas alguns segundos. São um exemplo para muitas pessoas, e se existisse algum tipo de prêmio de Casal do Ano, já seriam os grandes vencedores.

No entanto, alguns anos depois, vocês ficam sabendo que esse mesmo casal está se separando. Como assim?!? Será que tudo não passava de fachada? Ou será que eles não souberam lidar com as tempestades que atingem todo e qualquer casamento?

Não podemos ser ingênuos e achar que nossa história de amor está automaticamente blindada contra os desgastes da vida. Se vocês querem que sua história tenha um final feliz, é preciso desenvolver determinadas características na relação. Então, vocês terão um casamento inabalável!

Com isso em mente, quais características vocês consideram essenciais para escrever uma história que dure para sempre?

Anotem aqui:

_____

_____

_____

_____

_____

_____

_____

_____

_____

Hum, será que vocês escreveram "amor"? A maioria dos casais começa a lista com o amor. Não há dúvida de que, sem amor, talvez nem exista casamento. Mas o que temos aprendido em anos de trabalho com casais por todo o Brasil é...

MESMO HAVENDO AMOR, ALGUNS CASAIS AINDA SE SEPARAM

Não se trata de dizer que o amor não é importante, ou até mesmo não é fundamental. Ele é essencial, mas não é tudo. O amor por si só não basta para tornar seu casamento indestrutível. Há situações difíceis que um casal pode enfrentar, e nas quais o amor talvez até permaneça, mas se não houver outros fundamentos sustentando a relação, o amor sozinho não dará conta de preservar o casamento.

Pense, por exemplo, quando a confiança se quebra, talvez com uma mentira, uma promessa não cumprida, um engano ou até mesmo uma traição. O parceiro que errou amava o outro, mas não conseguiu se segurar diante da tentação. Da mesma forma, o cônjuge ofendido também ama aquele que traiu, mas não consegue retomar a relação. Ambos se amam, mas isso não é o bastante para fazer com que o problema seja superado.

Pensando nisso, o que mais é necessário para que o casamento seja indestrutível?

ALÉM DE AMAR, É PRECISO PERDOAR SEMPRE

Para começo de conversa, o perdão não é algo que vocês sentem, mas uma escolha que fazem.

Perdoar é muito mais que desculpar. Desculpamos alguém que pisou no nosso pé ou nos deu uma cotovelada sem querer. Isso significa que simplesmente ignoramos o ocorrido e seguimos em frente. Mas perdoar não significa ignorar ou esquecer o que aconteceu, e sim "absorver o dano" que a outra pessoa causou. Seria o caso, por exemplo, de alguém ir à sua casa e quebrar um prato. Ele pode até pedir desculpas, mas isso não vai fazer o prato voltar a ser o que era, não é verdade? Alguém precisa repor o prato quebrado: a pessoa que quebrou ou vocês. Se quem quebrou paga pelo prato, ele ficou quite. Porém, se vocês escolhem pagar pelo dano e liberar a pessoa da obrigação de comprar outro prato, então vocês *perdoaram*. Vocês absorveram o dano que ela causou.

É por isso que perdoar nem sempre é fácil. Se fosse só uma questão de comprar um prato quebrado, seria muito simples. Mas quando o que se quebra é uma promessa, um voto, um compromisso ou a confiança, perdoar é muito mais difícil; e não deixa de ser uma escolha.

Não sejam ingênuos: na relação *A2*, vocês irão errar um com o outro e ambos precisarão do perdão. Por isso, é muito importante estar preparado para perdoar, porque logo chegará o dia em que você precisará ser perdoado.

Se algum de vocês tem dificuldade em incluir o perdão em sua história, nosso conselho é que ore a respeito disso. Jesus é especialista em perdão, e ninguém no universo perdoou mais ofensas do que ele. Peça socorro a Jesus.

Tão importante quanto perdoar é pedir perdão por seus erros, mesmo por aqueles que cometeu sem querer. Entenda que suas falhas sempre prejudicam o cônjuge. Além disso, pisadas na bola não se consertam com presentes ou mimos, mas com um pedido sincero de perdão. Não tente compensar o erro quando tudo o que você precisa fazer é reconhecer que errou e pedir perdão com humildade.

Se você tem dificuldade em assumir erros, o conselho que lhe damos é: a prática leva à perfeição. Vá até seu cônjuge com humildade, e apenas diga: "Por favor, peço que me perdoe por _____" (sempre fale o motivo pelo qual você está pedindo perdão. Ser genérico não resolve). E pronto. Se ele rebater ou espernear, não diga nada. Em seguida, esforce-se para não cometer o mesmo erro.

Essa atitude é fundamental para o amadurecimento do matrimônio. O pedido de perdão é sempre bem-vindo, pois deixa claro que vocês estão lutando por um relacionamento melhor.

INCLUA TAMBÉM A GRATIDÃO EM SUA ROTINA

Já reparou o quanto nós estamos mais dispostos a reclamar do que a agradecer? E não adianta dizer que não há nada a agradecer, é claro que vocês têm muitos motivos. Começando pelas coisas mais simples: vocês têm o sol que raiou hoje; o ar que estão respirando; a saúde que lhes permite ler este livro; e a própria vida! Se tudo isso parecer trivial demais, imaginem apenas como seria ficar os próximos cinco minutos sem ar. Façam um teste e prendam a respiração ao máximo. Temos certeza de que, depois, vocês encherão o pulmão dando graças a Deus pelo ar que respiram!

Atividade

INTERVALO ⏸

A gratidão cai muito bem no relacionamento. Às vezes nos acostumamos com pequenas gentilezas ou serviços que nosso cônjuge nos presta e nos esquecemos de agradecer. Por isso, aproveitem esse intervalo para praticar a gratidão.

Pensem em cinco coisas que seu cônjuge é (por exemplo: bem-humorado, bom motorista, pontual) ou que ele faz (por exemplo: limpar a casa, fazer as compras, preparar refeições), mas que você nunca agradeceu.

Destaquem os cartões que estão encartados no livro e escrevam um bilhete de gratidão um para o outro. Ressaltem as coisas boas que vocês anotaram antes. Tomem cuidado de dizerem apenas palavras de gratidão, apreciando as coisas que seu cônjuge faz ou aquilo que ele é e representa para você.

Agora, planeje uma forma especial de entregar esse cartão. Poste no correio, mande com uma cesta de flores ou chocolates, coloque em uma gaveta ou em um livro que seu cônjuge vá ler mais tarde. Seja atencioso e carinhoso!

Pratiquem esse exercício periodicamente, até que a gratidão se torne uma nova página no seu relacionamento A2.

 CONTINUA

Sempre que demonstramos gratidão, conseguimos surpreender e alcançar o coração das pessoas. Um agradecimento sincero nos revigora e incentiva a continuar batalhando pelo nosso casamento. É por isso que a gratidão é um elemento importante para blindar o relacionamento e torná-lo indestrutível.

Mas não parem agora!

CONSOLIDEM O CASAMENTO PRATICANDO A GENTILEZA

Parece que a gentileza acontece sem muito esforço quando um casal está se conhecendo, não é verdade? Voltem algumas páginas na história da vida de vocês e lembrem-se de todos os atos gentis que vocês demonstraram um para com o outro no primeiro encontro, tentando causar a melhor primeira impressão. E agora, vocês continuam se tratando assim?

É bem provável que não. A maioria dos casais não mantém os atos de gentileza depois que se casam. Acostumam-se a mandar em vez de pedir, a resmungar em vez de agradecer, a fazer de conta que nada aconteceu em vez de pedir perdão. E, na maioria dos casos, um fica esperando o outro dar o primeiro passo para começar a ser gentil de novo. Nesse deixa-que-eu-deixo, o casamento vai sofrendo com tanta grosseria.

Jesus nos ensina um princípio de ouro para qualquer tipo de ocasião que requer iniciativa. Ele diz: "[...] em tudo, façam aos outros o que vocês querem que eles lhes façam [...]".[9] Assim, se você quiser alguma coisa do outro, quem é responsável por dar o primeiro passo? Você mesmo! Em outras palavras, se quer que seu cônjuge seja gentil, é *você* quem deve ser gentil em primeiro lugar.

É por isso que o ditado "gentileza gera gentileza" faz todo o sentido. Talvez vocês não recebam a gentileza de volta logo na primeira vez, mas na medida em que vão semeando atitudes gentis para com as pessoas, colherão os frutos de um relacionamento cordial.

Seu casamento tem sido assim? Cada um de vocês tem, individualmente, construído o caminho para a gentileza? Têm buscado ser atenciosos, respeitosos e calmos quando conversam e tratam um ao outro?

É normal que casais que tenham se desconectado e perdido a amabilidade dos primeiros dias acabem se endurecendo e decidindo que, já que o outro não lhe dá atenção, também não será atencioso. Assim, resistem em ser gentis, contribuindo para que o casamento continue preso no mesmo lugar.

A Bíblia ensina que não há glória nenhuma em tratar bem quem nos trata bem.[10] O desafio que Jesus nos faz é sair da zona de conforto, do arroz-com-feijão, e fazer o que poucos têm coragem: amar o outro como Jesus nos amou.[11] A intenção dele é que você ame seu cônjuge não pelo que ele faz para você, mas pelo que *você* decidiu ser: um marido ou uma mulher 100% comprometido(a) com os propósitos de Deus para seu casamento.

ISSO INCLUI SER BONDOSO

Qual a diferença entre ser bondoso e ser gentil? Gentileza é a maneira com que tratamos nosso cônjuge. Bondade é o que está em nosso coração, o que nos leva a sermos gentis.

Talvez a melhor maneira de definir a bondade é considerar que ela é o oposto da vingança. Qual é a primeira reação que costumamos ter quando sentimos que nosso cônjuge nos ofendeu ou nos desrespeitou? Geralmente queremos pagar na mesma moeda. Sentimos até mesmo que temos o direito de ser desagradáveis com o outro se ele foi desagradável conosco antes. Essa é a reação natural das pessoas, mas só porque todo mundo faz não significa que seja o certo. A Bíblia nos orienta a não retribuir o mal com o mal, mas sermos sempre bondosos.[12]

Por outro lado, ser bondoso não significa apenas fazer coisas boas. Muitas vezes, fazemos uma coisa boa com intenções nada boas: compensar um erro sem ter de pedir perdão, ou receber de volta um grande favor. Quando agimos assim, nossas atitudes podem até parecer amáveis, mas não são boas porque não tiveram uma boa intenção.

Somos bons quando refletimos o caráter de Deus, que é a única Pessoa boa de verdade. Assim, para serem genuinamente bons, vocês devem, a cada dia, pedir a Deus que os ajude a pegar da bondade que receberam dele em seu coração e transmiti-la um ao outro.

NA VERDADE, TUDO É UMA QUESTÃO DE CORAÇÃO

A bondade — bem como o perdão, a gratidão e a gentileza — nasce primeiro no coração e depois se manifesta externamente em atos e palavras de amor. Somos bondosos quando, em nosso interior, escolhemos fazer o que é certo e melhor para o outro, e não quando nos deixamos levar pela situação e simplesmente reagimos sem pensar. O problema de a bondade ficar apenas nos atos, sem proceder de um coração bom, é que quando as circunstâncias não são favoráveis, nos esquecemos de manter "a pose" e agimos com maldade. Ao fazer isso, colocamos tudo a perder. Aquelas boas atitudes que nos esforçamos para praticar vão pelos ares!

Jesus ensinou que a pessoa boa tira coisas boas do bom tesouro que está em seu coração, mas que a pessoa má tira coisas más do mal que está em seu coração, "porque a sua boca fala do que está cheio o coração".[13] Assim, o verdadeiro segredo para ter uma história marcada por perdão, gentileza e bondade é ter um coração transformado. Quando isso acontece, as virtudes transbordam do coração para todas as nossas atitudes, tornando o relacionamento *A2* muito mais gostoso e prazeroso!

Como podemos ter um coração transformado? Só existe um jeito: devemos amar e viver no Espírito Santo. Uma vida guiada pelo Espírito Santo produz todas essas virtudes e muitas outras.[14] Mas para que ele aja em nós, precisamos entregar o controle de nossa vida a ele. Não devemos esperar que o Espírito Santo comece a nos transformar enquanto nós estamos tomando todas decisões e escolhendo como iremos reagir ao que nosso cônjuge fez. Quando abrimos mão do controle de nossa vida e de nossas reações, e fazemos aquilo que o Espírito nos orienta a fazer, por meio da Bíblia e de uma vida de oração, então somos verdadeiramente transformados. E nosso casamento também, é claro.

Convidem o Espírito Santo para dirigir a história da sua vida, e vocês irão experimentar um casamento realmente *#felizparasempre*.

FIM

Atividade

REESCREVA O EPISÓDIO

Quais são as quatro práticas apresentadas neste capítulo que levam a um casamento indestrutível?

1. _____

2. _____

3. _____

4. _____

Qual delas precisa ser urgentemente desenvolvida em seu relacionamento?

_____

_____

Qual compromisso cada um de vocês vai assumir a partir de agora para blindar o relacionamento nesta área?

Marido:

_____

_____

_____

Mulher:

_____

_____

_____

Recomendamos

| PORQUE VOCÊS ASSISTIRAM A *INDESTRUTÍVEL* |

Se vocês quiserem mais ferramentas para criar uma história de amor indestrutível, assistam a este vídeo no YouTube e discutam:

▶ **DOIS SEGREDOS DOS RELACIONAMENTOS DURADOUROS**

Existem duas simples e pequenas atitudes que, se fizerem parte do seu casamento, certamente irão transformá-lo numa história que durará #parasempre!

49

ERROS DE GRAVAÇÃO

Quais atitudes devem ser evitadas por quem deseja ter um casamento indestrutível?

ACHAR QUE O TEMPO IRÁ CURAR AS FERIDAS

Às vezes, quando erramos, escolhemos não pedir perdão porque pensamos que, com o tempo, as coisas irão se acertar. Mas se agimos assim, estamos transmitindo ao outro a mensagem de que não nos importamos com ele e/ou com o relacionamento. Erros, falhas e mancadas exigem reparação, e o tempo não é suficiente para fechar as feridas que nós abrimos.

SOFRER DA SÍNDROME DE GABRIELA

"Eu nasci assim, eu cresci assim e sou mesmo assim..." Achar que você não precisa se esforçar para ser mais gentil, atencioso

VOLTAR PARA O MENU

e generoso porque você é assim mesmo é dar um tiro no pé da relação. Ninguém é perfeito, mas somos convidados por Cristo a superar as limitações e andarmos em novidade de vida.[15] Em vez de se acomodar em seu jeitão de ser e usar isso como desculpa para não querer mudar, entregue sua vida ao Espírito Santo, e peça a ele, que faz novas todas as coisas,[16] para transformá-lo no cônjuge dos sonhos.

NOTAS　✕

1. Coríntios 13:13; 1João 4:8
2. Mateus 18:21-35; Colossenses 3:13
3. Colossenses 3:15; 4:2; 1Tessalonicenses 5:18; Hebreus 12:28
4. Filipenses 2:3
5. Filipenses 4:5
6. Lucas 18:19
7. João 15:26; 16:7
8. Romanos 8:26
9. Mateus 7:12
10. Mateus 5:6-47
11. João 13:34; 15:12
12. 1Tessalonicenses 5:15
13. Lucas 6:45
14. Gálatas 5:22-23
15. Romanos 6:4 (ARA)
16. Apocalipse 21:5

PRÓXIMA HISTÓRIA >　**UM SONHO PARA CHAMAR DE NOSSO**

Você está aqui:
HISTÓRIAS > POPULARES TvA2 > UM SONHO PARA CHAMAR DE NOSSO

POPULARES TvA2

Sabiam que um casal tem muito mais para planejar do que os detalhes da cerimônia de casamento? Vocês podem (e devem) projetar como desejam passar o resto da vida juntos!

ASSUNTOS Sonhos em comum
Atitude
Planejamento
Responsabilidade
Acordo
Sonhos
Futuro

Atividade

ESCREVA A CENA

Qual é o pensamento de cada um de vocês a respeito de seus sonhos para o futuro — sejam pessoais, sejam para toda a família? O que cada um de vocês planeja fazer nas próximas férias ou no próximo aniversário de casamento? Em que tipo de casa desejam morar no futuro, qual raça de cachorro querem ter... São tantos sonhos!

Anotem seus pensamentos na página seguinte utilizando os balões. Se precisarem de mais espaço para escrever, usem os adesivos de balões de pensamento encartados no livro. Vocês também podem usar as outras figuras adesivas para expressar melhor o sentimento de cada um quando pensam sobre seus sonhos.

ELEMENTOS DA TRAMA

A seguir, alguns conceitos-chave superimportantes para quem quer concretizar os sonhos no casamento.

1. ATITUDES
Atitudes são seus atos, o jeito com que reagem diante das situações da vida. Nem sempre agimos de acordo com o que queremos ou dizemos. Ainda assim, temos controle sobre nossas atitudes e podemos modificá-las com bastante fé e dedicação.

2. PLANEJAMENTO
Planejar é pôr em ação sua fé em Deus. É estruturar de que maneira vocês, como indivíduos e como casal, colocarão em prática os princípios de Deus em todas as áreas da vida. Há diversos textos bíblicos que ressaltam a importância de planejar,

e mostram como o Senhor cumpre a vontade dele em meio aos nossos planos, e não na ausência deles.[1]

3. RESPONSABILIDADE

Ser responsável por suas escolhas e seus atos é uma atitude madura e essencial para materializar seus sonhos. Tornamo-nos responsáveis na medida em que não deixamos os outros, ou o "acaso", tomarem decisões cruciais em nossa vida.

4. COMUM ACORDO

Diz a Bíblia que é impossível duas pessoas caminharem juntas se não estiverem em comum acordo.[2] Isso é verdade principalmente no casamento. Se o casal não compartilha metas e planos de vida, com muita dificuldade permanecerá unido. Quando duas pessoas estão de comum acordo, o relacionamento delas se torna tão forte que fica praticamente impossível ser quebrado.[3]

UM SONHO PARA CHAMAR DE NOSSO

Todo mundo sonha ser feliz, não é? Quando vocês começaram seu relacionamento, temos certeza de que sonharam com alegria, realização, amor e paz.

Mas por que às vezes temos essa sensação de que não estamos vivendo nada do que sonhamos?

Nem sempre experimentamos o casamento dos sonhos. É como se alguma coisa tivesse se colocado entre nós e o nosso sonho, nos impedindo de viver a vida que gostaríamos de ter. Em sua opinião, que coisas costumam obstruir o caminho entre vocês e seus sonhos?

(   ) Falta de dinheiro
(   ) Incompatibilidade de gênios
(   ) Interferências externas (parentes, trabalho etc.)
(   ) Problemas de saúde
(   ) Falta de novidade no relacionamento
(   ) Outra coisa: _____

Diante de tantas opções, temos certeza apenas de uma coisa: independentemente do que vocês tenham assinalado, saibam que o problema real não é **NENHUMA DAS OPÇÕES ANTERIORES.**

O QUE NOS AFASTA DE NOSSOS SONHOS SÃO NOSSAS ATITUDES

Muita gente quer viver um casamento top das galáxias, mas não mexe um dedo para que isso se torne realidade. Essas pessoas estão extremamente envolvidas com o corre-corre do dia a dia e não encontram tempo para cuidar do relacionamento ou para se preocupar com ele (apesar de terem bastante tempo para reclamar da vida ou do cônjuge).

Não sabemos se é o seu caso, mas foi o nosso. Darrell era aquele típico cara para quem as pessoas olhavam e diziam: "Pau que nasce torto, morre torto".

Mas aprendemos que pau que nasce torto vira nova criatura nas mãos de Jesus. Quando convidamos Jesus para entrar na nossa vida e no nosso lar, começamos a viver uma vida *A2* de verdade. Nós nos tornamos, na prática, uma só carne, tendo Jesus como elo do nosso relacionamento. Quando isso aconteceu com a gente, tudo mudou. (Se vocês não têm a menor ideia do que Jesus tem a ver com casamento, confiram o capítulo "Felizes #paraaeternidade".)

Depois que recebemos Jesus em casa, percebemos que algumas coisas simplesmente não podiam continuar como estavam. Também descobrimos que se ficássemos ali, parados, elas não iriam mudar por conta própria. Deus não iria invadir nossa casa e ajeitar tudo enquanto dormíamos. Era preciso que trabalhássemos em conjunto.

Essa, aliás, foi uma descoberta especial. Estávamos vivendo como se nada dependesse nós. Se fôssemos escolher uma canção-tema para o nosso casamento, talvez seria: "Deixa a vida me levar, vida leva eu".

No entanto, aprendemos que ter o casamento dos sonhos não se trata de uma questão de sorte ou de destino, mas de decisão: a decisão de fazer e mudar o que for preciso para que as coisas aconteçam!

POR ISSO, EM PRIMEIRO LUGAR, TOMEM AS RÉDEAS DA SUA VIDA

A primeira atitude que deve ser abandonada é a de espectador. Nosso casamento mudou quando entendemos que a vida não era uma novela mexicana, cheia de altos e baixos e novas revelações bombásticas a cada capítulo, e que tudo o que podíamos fazer era estourar a pipoca e acompanhar, torcendo para as coisas darem certo no final. Nada disso! Entendemos que o final feliz dependia de nós, e que poderíamos construir uma nova e linda história de amor baseada em fatos reais, na qual seríamos os personagens principais.

Para alcançar seus sonhos é preciso entender que vocês não são espectadores do que se desenrola diariamente em sua casa. Se querem viver algo diferente, cabe a vocês *agir* de modo diferente. Assumam seu papel de protagonistas! São vocês, guiados por Deus, que definem o final da história. Abandonem o papel de vítima e olhem para o futuro!

Atividade

INTERVALO

Por falar em futuro...

Vocês já sonharam juntos? Ou tudo o que já planejaram até agora foi somente como seria a cerimônia de casamento? Não importa há quantos anos vocês estejam casados, ainda existe um futuro para viverem juntos. É hora de planejá-lo!

Atenção! Para fazer este exercício, lembrem-se de que:

1. **Ser uma só carne também significa apoiar sua mulher ou seu marido para que ela ou ele alcance seu pleno potencial, cumprindo o chamado que Deus lhe deu.**
2. **Não existe "certo" nem "errado" quando se sonha. É uma questão de chegar a um acordo. Para isso, antes e começar os planos, vocês devem assumir o compromisso de serem o mais abertos, honestos e compassivos possível em relação ao outro e seus sonhos individuais. Comprometam-se a não fechar a cara ou reagir de forma passional ao que o outro lhe apresentar.**

3. Mantenham a conversa em um tom educado, calmo e respeitoso. Seja paciente se seu cônjuge tiver dificuldades de se expressar. Encoraje-o a falar em vez de você dominar a conversa.
4. Se vocês chegarem a algum impasse, entendam que não precisam resolver tudo agora. Orem e reflitam sobre o assunto por alguns dias, se necessário, antes de retomar o planejamento.

Combinado? Agora, mãos à obra:
1. Destaquem as páginas 65-68 e escrevam qual é o seu sonho pessoal para cada área.
2. Troquem as páginas e leiam os sonhos um do outro.
3. Conversem sobre os pontos em que vocês discordam. Do que cada um abrirá mão para a construção de um sonho comum?
4. Redijam nas páginas seguintes (63-64) o que resolveram como casal.
5. Repitam esse processo pelo menos duas vezes ao ano.

Nossos sonhos *A2*

Para onde vocês desejam conduzir sua família em cada uma destas áreas?

Nossa espiritualidade (Deus e nossa família)

_____
_____
_____
_____

Nosso casamento (o convívio entre nós dois)

_____
_____
_____
_____

Nossa paternidade (nossos filhos e nós)

_____
_____
_____
_____

Nossa saúde física (como família)

_____
_____
_____
_____

Nossa saúde emocional

_____
_____
_____
_____

Nosso convívio com parentes e familiares

Nosso convívio social (amigos, irmãos de igreja, colegas etc.)

Nosso serviço a outros (trabalho voluntário, na igreja etc.)

Nossa intelectualidade (como incentivar essa área em casa)

Nossas finanças

Meus sonhos como mulher

Daqui a cinco anos, o que você gostaria de realizar em cada uma destas áreas?

Minha espiritualidade (Deus e eu)

Meu casamento (meu marido e eu)

Minha maternidade (meus filhos e eu)

Minha saúde física

Minha saúde emocional

Meu convívio com parentes e familiares

Meu convívio social (amigos, irmãos de igreja, colegas etc.)

Meu serviço a outros (trabalho voluntário, na igreja etc.)

Minha intelectualidade (cursos, leituras que quero fazer etc.)

Minha profissão

Minhas finanças

Meus sonhos como marido

Daqui a cinco anos, o que você gostaria de realizar em cada uma destas áreas?

Minha espiritualidade (Deus e eu)

Meu casamento (minha mulher e eu)

Minha paternidade (meus filhos e eu)

Minha saúde física

Minha saúde emocional

Meu convívio com parentes e familiares

Meu convívio social (amigos, irmãos de igreja, colegas etc.)

Meu serviço a outros (trabalho voluntário, na igreja etc.)

Minha intelectualidade (cursos, leituras que quero fazer etc.)

Minha profissão

Minhas finanças

> ▶ **CONTINUA**

Nossos sonhos *A2* funcionam como uma bússola que aponta para a direção certa a seguir. É certo que hoje em dia que a maioria das pessoas só usa o GPS, mas a grande diferença entre os dois, nesse caso, é que enquanto o GPS indica qual *caminho* percorrer, a bússola aponta o *destino*. O caminho são vocês que fazem.

Isso é ótimo porque, na vida, o destino é mais importante que a jornada. O que importa é aonde querem chegar como casal, pois as rotas que vocês escolherem podem mudar à medida que a vida vai passando.

O IMPORTANTE É CONFIAR NO FINAL DA HISTÓRIA!

Essa é a segunda mudança de atitude que precisam ter. Acreditem que podem alcançar os sonhos que planejaram juntos, e que este futuro será melhor que o presente, a despeito de como as coisas estejam hoje.

É como um filme de super-herói. Quantas vezes o herói sofre, apanha e é derrotado no meio da história? Muitas vezes. Entretanto, apesar do que tenha acontecido ao longo do filme, o final é sempre feliz.

Da mesma forma, Deus tem um futuro lindo para sua vida e para seu relacionamento, seja lá onde estejam hoje. Acredite! Ele tem planos ótimos para vocês, e vai conduzi-los a isso.[4] Com o Senhor na cadeira de diretor, o filme da sua vida vai retratar todo o seu esforço e as suas dores, mas também as alegrias e as conquistas. E lá na frente, quando vocês olharem para trás, sabem o que irão pensar? Que valeu a pena.

Querem, então, agir como protagonistas da sua vida e deixar a pipoca e o sofá para trás? Anotem esta última dica.

TENHAM ATITUDES QUE OS APROXIMEM DE SEUS SONHOS

Se suas atitudes são os principais empecilhos que os afastam de seus sonhos, nada mais adequado que mudar de atitude. De maneira prática, isso significa abandonar comportamentos que boicotam seus planos e adotar algo que colabore com eles. Por exemplo: se vocês querem um lar de paz, não sejam os primeiros a fazer confusão, com gritarias, rispidez etc. Se desejam um lar de amor e respeito, sejam os primeiros a agir com gentileza e carinho. Suas atitudes influenciam grandemente a construção da vida dos seus sonhos.

Em qualquer área da vida, vocês só colherão aquilo que plantarem. Esse é um princípio bíblico,[5] mas também natural. Não tem como plantar arroz e colher feijão, semear abobrinha e nascer beringela. Assim, se decido ser um marido maravilhoso e semeio atitudes nesse sentido, é claro que terei um casamento melhor. Se decido ser uma mulher melhor e me empenho nisso, terei um casamento melhor.

NÃO TEM SEGREDO

As pessoas buscam soluções milagrosas para os problemas, mas a verdade é que não é simples alcançar a vida dos sonhos. Ser feliz dá trabalho, mas é plenamente possível! O casamento não é tão simplista quanto mostram os filmes românticos; no entanto, isso não significa que vocês estejam condenados a viver presos numa novela mexicana de brigas, traições e desamor. É certo que vocês não serão 100% felizes na vida, mas a felicidade combina, sim, com o casamento.

No entanto, a felicidade só surgirá quando vocês decidirem investir no relacionamento de modo intencional. É certo que as situações difíceis chegarão, mas vocês dois são os maiores responsáveis por semear a alegria em seu lar diariamente, e a caminhar na direção do que querem viver. É preciso investir tempo, esforço e suor se quiserem viver como sempre sonharam e colher belos frutos. "Aquele que sai chorando enquanto lança a semente, voltará com cantos de alegria trazendo os seus feixes."[6]

Não poupem esforços para alcançar seus sonhos. Porém, lembrem-se de que, mais importante de tudo o que fizerem, devem crer que Deus é o elo principal da sua família. A falta dele pode desmanchar qualquer plano de vida, por mais bem estruturado que seja. Deus deve fazer parte do sonho de todo casal. Assim, convide-o hoje, e a cada dia, para dirigir seus planos, pois só assim obterão sucesso na vida.[7] A partir do momento que o Senhor habitar seu lar, os sonhos deixarão de ser sonhos e se tornarão realidade!

FIM

Atividade

REESCREVA O EPISÓDIO

O que verdadeiramente afasta vocês de seus sonhos?

_____
_____
_____

Quais são os três passos necessários para mudar de atitude?

1. _____
2. _____
3. _____

Desses passos, qual deles é mais difícil para cada um de vocês?

_____
_____
_____

Atividade

CENAS DOS PRÓXIMOS CAPÍTULOS

Se vocês estão juntos, precisam sonhar juntos! Isso faz parte da vida *A2*. Aqui vão algumas dicas para ajudá-los nessa bela arte de alcançar sonhos e projetos em conjunto:

FALEM TUDO
Criem o hábito de colocar todas as cartas sobre a mesa: anseios, desejos e expectativas. Ouçam o outro sem fazer comentários ou censuras.

DEFINAM JUNTOS
O que é prioridade para cada um de vocês nas diversas áreas da vida? Viajar todo ano ou comprar a casa própria? Fazer pós-graduação ou aula de dança?

ESTABELEÇAM METAS REAIS
Isso os ajudará a ter foco e motivação. Escreva as metas e deixe-as em um local acessível para que as revisem sempre.

ERROS DE GRAVAÇÃO

Quais são os erros mais comuns que os casais comentem quando o assunto é sonhos?

 NÃO COMPARTILHAM SEUS OBJETIVOS PESSOAIS

Os objetivos pessoais de cada parceiro precisam ser compartilhados e decididos em comum acordo. O relacionamento fica mais difícil, e as desavenças mais evidentes quando o casal não está em sintonia.

 TOMAM DECISÕES E FAZEM PLANOS SEM A PARTICIPAÇÃO DO OUTRO

Autonomia e a suposta "privacidade" geram ressentimento e dor no cônjuge, que se sente desvalorizado e excluído da vida do parceiro. Essa brecha vai distanciando os casais a ponto de decidirem não conversar sobre mais nada, nem mesmo sobre os

VOLTAR PARA O MENU

assuntos mais simples. Convide seu cônjuge para contribuir e opinar em todos os seus planos, ainda que pareçam não ter nada a ver com ele.

NÃO CONVERSAM SOBRE VALORES E PRINCÍPIOS DE VIDA

Esse desencontro interfere principalmente na criação dos filhos. Se o casal não concorda sobre os valores que considera mais importantes no caráter de uma pessoa, terão muitas divergências em relação ao que priorizar e como conduzir a educação das crianças. Conversem a respeito do caráter que querem criar em seus filhos e como os educarão para isso.

NOTAS

1. Provérbios 3:5-6; 16:1,3; 21:5; Eclesiastes 11:4; Lucas 14:28-32
2. Amós 3:3
3. Eclesiastes 4:9-12
4. Jeremias 29:11; Coríntios 2:9-10
5. Gálatas 6:7
6. Salmos 126:6
7. Provérbios 3:5-6

PRÓXIMA HISTÓRIA >

SÓ PARA *elas*

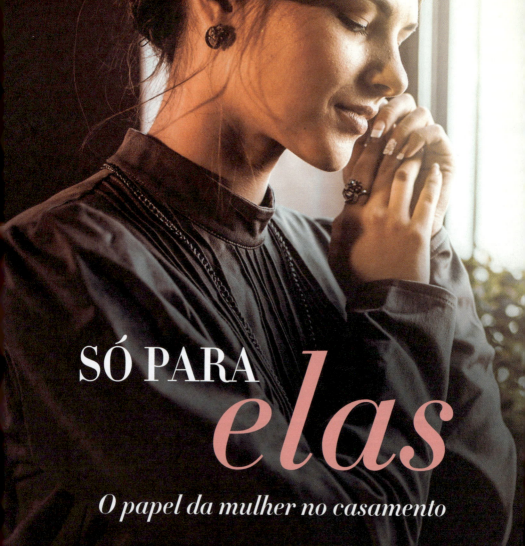

UMA NOVA HISTÓRIA DE AMOR

INÍCIO HISTÓRIAS REGISTROS

SÓ PARA *elas*

O papel da mulher no casamento

VIDA EM FAMÍLIA

Um capítulo só meu e seu, querida amiga! Para conversarmos e passar o tempo comendo um bolo e tomando um suco, sem marido para perguntar: "Amor, você sabe onde está meu chinelo?"

ASSUNTOS
Papel como mulher
Papéis no casamento
Esposa
Mulher
Sexo
Missão
Submissão

Atividade

ESCREVA A CENA ✏

Amada, como geralmente são as conversas que você tem com seus próprios botões a respeito do seu papel como esposa? Você tem clareza quanto a isso ou tem alguma dúvida — talvez até um desconforto?

Relembre o que você costuma pensar sobre o assunto e escreva esses pensamentos na página seguinte, nos balões. Se precisar de mais espaço para escrever, use os adesivos de balões de fala encartados no livro. Você também pode usar as outras figuras adesivas para expressar melhor seus sentimentos quando está refletindo sobre seu papel de esposa.

ELEMENTOS DA TRAMA

Conheça os elementos que não podem faltar na nova história de amor que você deseja escrever como esposa!

1. PAPEL

No casamento, marido e mulher têm o mesmo valor, mas não o mesmo papel. Deus, o patrono do casamento, planejou que fosse assim para que os dois vivessem de maneira interdependente, sendo ajudados e ajudando um ao outro. Dessa forma, os dois papéis são igualmente importantes, porque sem qualquer um deles o ambiente familiar acaba prejudicado.

2. ESPOSA

Ser esposa não é, como muitos dizem, uma invenção social. É uma criação do próprio Deus quando formou Eva e a levou até Adão. Adão ficou feliz da vida quando a conheceu! Além de ser a primeira mulher que ele havia visto na vida, Eva o auxiliaria e lhe corresponderia de maneira física, moral e intelectual, sendo o complemento de que Adão precisava.[1]

3. CABEÇA

Algumas vezes, a Bíblia usa a palavra "cabeça" para indicar liderança. Jesus, por exemplo, é o cabeça da igreja. Da mesma forma, o marido é o cabeça da esposa, ou seja, o líder apontado por Deus sobre a vida dela.[2] Essa é a base bíblica para a submissão da mulher.

4. SEXO

É uma pena que o sexo seja considerado um assunto "feio" quando, na verdade, é algo sagrado, pois foi criado por Deus. Ele é para ser desfrutado sem limites dentro da aliança do casamento, que oferece a proteção necessária para que o sexo só traga benefícios, sem qualquer dor ou vergonha.

UMA NOVA HISTÓRIA DE AMOR APRESENTA > SÓ PARA *elas*

PLAY ▶

Matrimônio é algo curioso, não é mesmo? Os meses que antecedem à cerimônia geralmente são pura correria, com a escolha das flores, dos docinhos, do *vestido*! Mas depois da cerimônia, da festa e da lua de mel, quando retomamos a vida normal e suas novas demandas do convívio A2, às vezes temos a sensação de que nunca estivemos tão despreparadas para sermos esposas. Gastamos muito tempo, energia e dinheiro para desempenhar bem bonito o papel de noiva, mas esquecemos que isso duraria apenas algumas horas, enquanto ser esposa é #parasempre.

O bom é que, diferentemente da cerimônia de casamento, na qual não pode haver imprevistos, o dia a dia de ser esposa pode ser construído e aperfeiçoado enquanto vamos vivendo. Nenhuma mulher do mundo, pode ter certeza, entrou no casamento sabendo tudo o que era preciso para ser esposa. Todas tiveram de aprender, de melhorar e de consertar algumas falhas.

Eu também tive de aprender muitas coisas depois que me tornei Marcia de Darrell, e principalmente depois que Jesus se tornou o elo do nosso relacionamento. Sim, porque ser Marcia de Darrell é muito diferente de ser apenas Marcia, e ser Marcia de Darrell *com* Jesus também é diferente de ser apenas casada.

A diferença é que, quando sou apenas casada, busco ser esposa do meu jeito. Mas quando tenho Jesus no meu casamento, busco ser esposa de acordo com a vontade de Deus, e recebo poder sobrenatural para ser essa mulher. Isso é fundamental porque, se o casamento foi ideia de Deus, é só ele quem sabe qual é o jeito certo de sermos marido e mulher. Por isso, temos de basear nossas atitudes como esposas 100% na Bíblia, e não no que a cultura diz, nem na opinião de artistas ou nas histórias românticas da TV.

Talvez alguns preceitos bíblicos sobre ser esposa possam parecer fora de moda, ou até mesmo absurdos dentro dos conceitos da sociedade atual. Porém, podemos concordar que, se a família está sob ataque nos dias de hoje, os papéis da mulher e do marido no casamento também estão. Se os valores da família foram distorcidos e destruídos, os da mulher e do marido também foram. E que se a única solução para nossa família e nosso casamento é pedir ajuda ao Criador, então, a única forma de resgatar nosso papel como esposas — e mais do que isso, encontrar felicidade e paz na nossa vida conjugal — é conhecendo os planos de Deus para nós e colocando-os em prática no nosso relacionamento.

A PRIMEIRA COISA QUE DEUS REQUER DA ESPOSA É QUE ELA SE SUBMETA AO MARIDO

Ih, um começo difícil! Mas, na verdade, o problema com a submissão está no fato de que muitas mulheres não entendem corretamente o que essa palavra significa. Por conta disso, não usufruem as bênçãos que vêm de obedecer a esse direcionamento de Deus.

Submissão é estar "em missão" com seu marido. O Senhor colocou sobre o marido a grande responsabilidade de ser o chefe da família,[3] o que quer dizer que Deus cobrará dele o bom andamento do lar. Porém, o Senhor nunca planejou que o homem fizesse tudo sozinho (até porque, cá entre nós, a gente sabe que eles não iam dar conta mesmo!). Por isso, o Criador fez Eva para que ajudasse Adão a realizar a missão que Deus lhe dera: encher a terra e dominar sobre tudo o que fora criado.[4]

Assim, amada, se você quer escrever um novo capítulo na história do seu casamento, a submissão não pode ser uma personagem coadjuvante! Ela é a maior demonstração de amor que você pode oferecer ao seu marido, que a ama como Jesus amou a igreja. Além disso, sendo obediente ao Senhor, você recebe dele proteção emocional, física e espiritual.

PARA ESTAR EM MISSÃO, APOIE SEU MARIDO

Ser submissa não significa ser capacho do marido, mas sim estar em missão com ele. Sendo assim, você tem a responsabilidade de apoiá-lo e ajudá-lo a cumprir a missão que Deus lhe deu.

A Bíblia diz que Deus não apenas espera isso das mulheres, mas que também ele nos criou especificamente para sermos apoiadoras do nosso marido! Não é lindo isso? Ajudar o homem faz parte da nossa natureza, e é por isso que nos machucamos mais quando nos opomos ao nosso marido, tentando fazer as coisas do nosso jeito, do que quando o auxiliamos com gentileza, como o Senhor mandou.

Uma das palavras que a Bíblia usa para descrever Eva é "Auxiliadora".[5] Mas essa palavra, na verdade, é muito mais do que a gente imagina. Sabe por quê? Porque essa palavra é usada na Bíblia para se referir ao próprio Deus! Isso mesmo! Veja, por exemplo, esta oração: "Levanto os meus olhos para os montes e pergunto: De onde me vem o socorro? O meu *socorro* vem do Senhor, que fez os céus e a terra".[6] Quando o salmista diz que o Senhor o socorre, ele usa a mesma palavra que Deus usou para dizer que Eva era o auxílio de Adão. Ou seja, assim como o Senhor é o socorro e a ajuda das pessoas que o buscam, assim também a mulher é o socorro e a ajuda do seu marido.

Que honra, amada! Deus confiou a você essa capacidade de ser um porto seguro para seu marido, como ele é para as pessoas que confiam nele. Por isso, ser auxiliadora não diminui a mulher em nada, muito pelo contrário! Isso a enaltece porque, ao exercer esse papel, ela está tomando uma atitude que é própria de Deus.

Receba as bênçãos de ser uma mulher ajudadora e auxiliadora. Mostre ao seu marido que você é uma pessoa confiável, e que ele pode contar com você e com sua ajuda para realizar a missão que Deus deu a ele.

MAS FAÇA ISSO COM MUITO RESPEITO

Sabe qual é a arma mais afiada que uma mulher pode usar para ofender e machucar o marido? O desrespeito. No desejo de apoiar nosso esposo, temos de ter cuidado para não meter os pés pelas mãos e acabarmos desrespeitando a autoridade dele em nossa casa e em nossa vida — uma autoridade, aliás, concedida por Deus!

Respeitar o marido é outra atitude da esposa obediente a Deus, pois se trata de uma ordem dos céus para a vida dela.[7] O respeito é essencial para que seu marido prospere e alcance seu potencial como homem. E não é à toa que a esposa desrespeitosa é considerada, na Bíblia, como um câncer, que corrói os ossos do esposo e acaba com a vitalidade dele.[8]

Então, o que você quer ser: coroa ou câncer na vida do seu esposo? Para escrever uma história de esposa exemplar, veja estas dicas:

1. **Não faça comentários negativos nem piadinhas sobre os pensamentos e as opiniões dele, principalmente na frente dos outros.**
2. **Desista de ser a consciência do seu marido. Deixe que ele decida e aja por si mesmo! Há mulheres que agem como se fossem mãe do marido, achando que devem falar o que ele precisa fazer, dizer e até pensar. Sabe aquela coisa de mãe: "Arrumou a cama? Escovou os dentes? Fez a lição de casa?" Então, você pode agir assim com seus filhos, mas nunca com seu marido. Você não é a mãe dele, mas sua amada esposa, que deve apoiá-lo.**
3. **Não tome decisões importantes sozinha. Quando você ignora seu marido, ele se sente diminuído na relação, como se fosse menos importante. Pergunte a opinião dele, e permita que ele participe de todas as decisões referentes à família.**
4. **Demonstre que você confia nele. Na maioria**

das vezes, o homem vê a si mesmo como o canal de Deus para proteger e sustentar a casa. Não tire esse papel dele, não desconfie de sua habilidade em fazer isso, e jamais o critique por não cumprir esse papel como você gostaria. Agir assim fará com que seu marido fique amargurado, e é dessa forma que muitos casamentos afundam.

5. Elogie-o. Preste atenção: homem não elogia homem! Você vai querer que outra mulher assuma o papel de admiradora do seu marido? Eu não! Então, demonstre seu respeito e sua admiração por ele através de elogios. Seja a fã nº 1 dele.

6. Não guarde segredos. Seu marido precisa confiar que você conta tudo para ele. Assim, não esconda nada: senha do e-mail, do celular, o telefonema de um ex-namorado, uma cantada que você levou na rua... Ele tem direito de saber de tudo isso, e se abrir é uma grande demonstração de respeito e confiança.

Atividade

INTERVALO ❚❚

Vamos escrever agora um capítulo novo na sua história como esposa? Em qual dessas áreas você pode melhorar no trato com seu marido? Escolha pelo menos uma:

Vivo desconfiando dele.	Não o elogio.
Faço comentários negativos sobre ele.	Guardo segredos.
Tento ser a mãe e a consciência dele.	Tomo decisões sem consultá-lo.

A mudança de uma atitude desrespeitosa requer tempo e prática, mas como tudo na vida, começa com a decisão de mudar. Para marcar sua decisão, sugiro que você faça três coisas:

1. Ore a Deus e peça perdão pela maneira desrespeitosa com a qual você tem tratado seu marido. Peça a ajuda dele para vencer esse comportamento e honrá-lo com suas atitudes.
2. Peça perdão ao seu marido por tê-lo desrespeitado. Peça também que ele tenha paciência, pois você está tentando melhorar.
3. Veja o que você tem de mudar em suas atitudes para não cometer mais tal ato de desrespeito. Desenvolva comportamentos que a ajudem, em vez de atrapalhar, a colocar essa decisão em prática.

> ▶ **CONTINUA**

SER ESPOSA SIGNIFICA, AINDA, SER AMANTE

Isso deveria ser óbvio, não é mesmo? Mas não é, infelizmente. Muitas mulheres se ocupam de tantas coisas que se esquecem do cuidado emocional e sexual do relacionamento, e acabam empurrando o marido para o adultério, ou levando o casamento ao divórcio. São excelentes mães e administradoras de casa, mas péssimas amantes.

Ser amante, porém, não é só um detalhe. A Bíblia ensina que a sexualidade no casamento é importantíssima para a união do casal, e também para a proteção espiritual do casamento. Em primeiro lugar, o casamento acontece quando o homem e a mulher se tornam uma só carne, certo? Esse "processo" de se tornar uma só carne começa com o ato público de casamento, e se consuma no sexo. A partir desse momento, algo sobrenatural acontece. O corpo da mulher passa a pertencer ao marido, e o corpo do marido passa a pertencer à mulher (lembrei daqueles filmes em que as personagens trocam de corpo...). Assim, a mulher não tem direito de se recusar ao marido, e nem o marido tem direito de se recusar à mulher, "exceto por mútuo consentimento".[9]

Não se ofenda com isso. Entenda que essa troca é mútua, e acontece sob uma atmosfera de amor, respeito e compromisso, na qual você tem a responsabilidade, como vimos, de respeitar seu marido, e ele tem o dever de amá-la e cuidar de você como quem cuida do próprio corpo.[10] Por fim, tenha em mente que o corpo do seu marido pertence somente a você! É todinho seu! Por que você não se aproveita desse direito que Deus lhe concedeu por meio do casamento?

Em segundo lugar, o sexo garante ao seu relacionamento uma proteção espiritual mais forte que a oração.

ESPERA UM POUCO, SERÁ QUE EU DISSE ISSO MESMO?

Ufa, não fui eu quem disse, foi a Bíblia: "[...] Depois, unam-se de novo, para que Satanás não os tente por não terem domínio próprio".[11] O que esse texto nos ensina, querida esposa, é que não adianta você fazer milhares de jejuns e campanhas de oração pelo seu casamento se você não pratica sexo com seu marido. Quando dois se unem para desfrutar o sexo, que é um presente dado por Deus para os cônjuges, dentro do casamento, eles estão tapando todas as brechas pelas quais Satanás poderia entrar em sua vida e semear inveja, discórdia, ciúmes, frieza, desentendimentos, picuinhas etc. É o sexo, e não apenas a oração, que irá desarmar o diabo e mantê-lo longe do seu casamento.

Agora, se você está precisando de umas dicas de sexo, depois confira o capítulo "Para maiores de 18". Você vai encontrar dicas ótimas para se tornar uma amante ainda melhor.

POR FIM, SEJA A ADMINISTRADORA DO LAR

Administrar o lar não significa ser a faz-tudo em casa: a cozinheira, a lavadeira, a passadeira... Se você tem a possibilidade de ter pessoas ajudando-a nos deveres de casa, sejam contratadas, sejam da própria família, ótimo. Mas administrar significa que você sabe tudo o que está se passando na sua casa. O livro de

Provérbios apresenta essa habilidade como uma das características da mulher virtuosa, da esposa exemplar.[12]

Da mesma forma que Deus usa seu marido para proteger e sustentar a casa, ele escolheu usar você para administrar a vida no lar. É uma pena que nossa cultura considere que administrar uma casa é bem menos importante e honroso do que administrar uma empresa (embora seja igualmente desafiador), e muitas mulheres se sentem diminuídas por trabalhar "só" em casa — como se isso fosse insignificante.

No entanto, esse é um chamado de Deus para sua vida, e apenas isso já basta para mostrar o quanto esse chamado é importante! Administrar a casa não significa não poder trabalhar fora — a mulher virtuosa de Provérbios 31 também tinha um emprego. Mas ser a administradora da casa significa que sua prioridade é o cuidado com o lar e com as pessoas que vivem nele. Deus não apenas lhe deu essa responsabilidade como também a capacitou de forma especial para fazer isso. E ele se alegra quando você coloca essas habilidades para funcionar, pois isso o glorifica!

FIM

Atividade

TROQUE A PERSONAGEM

Para escrever uma nova história, é preciso fazer mudanças, não é verdade? Qual dessas personagens tem queimado seu filme como esposa, e que precisa ser substituída urgentemente?

Lana, a insubmissa

Lena, a nada prestativa

Lina, a desrespeitosa

Lona, a sem ânimo para o sexo

Luna, a desatenta com a casa

Agora vamos encontrar uma substituta! Leia Provérbios 31:10-31, que descreve a esposa exemplar. Qual qualidade você vai procurar desenvolver neste novo capítulo de sua vida como esposa? Escreva aqui:

_____
_____
_____
_____
_____
_____
_____
_____

ERROS DE GRAVAÇÃO

Quais são os erros mais comuns das esposas no casamento?

FORÇAR A BARRA

Muitas mulheres destroem a relação reclamando de um mesmo comportamento do marido durante anos a fio. E quanto mais ela reclama, pior ele fica. É lógico, ele está se fechando para mostrar a ela quem é que manda. Em vez de forçar a barra, pare de reclamar e mude de estratégia.

COLAR DEMAIS NO MARIDO

Ser grudenta não é atraente. A mulher que não dá espaço para o marido respirar acaba afastando o cônjuge, que se sente sufocado demais. Tenha um relacionamento saudável, respeitando os limites e dando espaço para seu marido fazer o que ele gosta de fazer sozinho.

[VOLTAR PARA O MENU]

NÃO TER VIDA PRÓPRIA

Ser uma só carne não significa que seu marido é sua vida; ele é apenas parte da sua vida. Viver em função do marido é destrutivo e também desgasta o cônjuge. Entenda que, ainda que seu esposo seja top das galáxias, ele não suprirá todas as suas necessidades. Só o Senhor Jesus pode fazer isso. Ele sim deve ser o centro da sua vida, e quando isso acontecer, certamente seu relacionamento conjugal vai ficar bem mais interessante.

NOTAS

1. Gênesis 2:18
2. Efésios 5:23
3. Gênesis 2:24; Provérbios 24:27; 1Coríntios 11:3; Efésios 5:23
4. Gênesis 1:29-30
5. Gênesis 2:20
6. Salmos 121:1-2 (grifo nosso)
7. Efésios 5:33
8. Provérbios 12:4
9. 1Coríntios 7:4-5
10. Efésios 5:28-29
11. 1Coríntios 7:5
12. Provérbios 31:15, 21-22, 27

PRÓXIMA HISTÓRIA >

MANUAL DO MARIDO SEGUNDO A VONTADE DE DEUS

UMA NOVA HISTÓRIA DE AMOR

INÍCIO HISTÓRIAS REGISTROS

MANUAL DO MARIDO SEGUNDO A VONTADE DE DEUS

O papel do marido no casamento

VIDA EM FAMÍLIA

Este manual é apenas para maridos corajosos o suficiente para viverem um casamento top das galáxias. Porém, aqueles que não são tão corajosos, mas querem viver uma história de amor ainda melhor, também são muito bem-vindos.

ASSUNTOS   Papel como marido
Papéis no casamento
Marido
Homem
Liderança
Iniciativa
Cuidado

Atividade

ESCREVA A CENA

Que homem faz uma pausa para refletir em como está se saindo em seu papel de marido? Ih, não são muitos não. **Por isso, quem vai montar a cena da página seguinte é a mulher!** Peça a ela para escrever nos balões o que ela geralmente pensa sobre seu desempenho como o homem da casa.

Se sua esposa precisar de mais espaço para escrever, use os adesivos de balões de fala encartados no livro. Ela também pode usar as outras figuras adesivas para expressar melhor os sentimentos que tem a respeito de seu papel como marido.

ELEMENTOS DA TRAMA

Estes itens não podem faltar na sua nova história de amor.

1. PAPEL

No casamento, marido e mulher têm o mesmo valor, mas não o mesmo papel. Deus, o patrono do casamento, planejou que fosse assim para que os dois vivessem de maneira interdependente, sendo ajudados e ajudando um ao outro. Dessa maneira, os dois papéis são igualmente importantes, porque sem qualquer um deles o ambiente familiar acaba prejudicado.

2. MARIDO

O padrão de marido que todo homem deve imitar é o de Jesus no seu papel de Noivo da Igreja. Esse padrão está revelado com detalhes em Efésios 5:25-30, e este trecho bíblico será mencionado ao longo deste capítulo para lhe dar algumas dicas práticas de como ser um marido top das galáxias.

3. LIDERANÇA

Muita gente pensa que ser líder significa dar ordens e exigir obediência dos seus subordinados. Mas esse é um pensamento totalmente desconectado do padrão de Deus. Liderar não é dar ordens, mas servir aos nossos liderados, como fez e ensinou Jesus.[1]

4. INICIATIVA

Para viver uma história de cinema sendo um marido melhor, todo homem deve investir pesado na iniciativa. Iniciativa para quê? Para fazer tudo! Ser líder não significa dar conta de tudo sozinho — foi por isso, aliás, que Deus lhe deu essa linda mulher que está ao seu lado. Mas o que cabe a você é ter a iniciativa, dar o primeiro passo, em todos os projetos da sua casa, grandes ou pequenos.

PLAY ▶

Homem que é homem não lê manual de instruções, não é verdade? Nós já sabemos como tudo funciona, está no nosso DNA. Somos capazes de montar e desmontar qualquer aparelho ou móvel, e se, no final do processo, sobrarem alguns parafusos, é porque eles eram perfeitamente desnecessários.

Sabemos como qualquer coisa funciona. Qualquer coisa... Bem, com exceção de uma: NOSSA ESPOSA.

Que homem nunca ficou sem resposta quando a esposa lhe pergunta qual vestido fica melhor, o preto ou o colorido? E que marido não se sente desorientado quando a mulher está visivelmente chateada, mas diz que não é nada? E quando você pergunta se ela quer A ou B e ela responde: "Tanto faz, você escolhe". Meu Deus, o que escolher???

É, lidar com a esposa às vezes pode ser desafiador porque não sabemos o que ela espera de nós. Mas isso não significa que tudo esteja perdido. Existe uma solução. O Fabricante do casamento nos deixou um manual.

MANUAL DO MARIDO SEGUNDO A VONTADE DE DEUS

É uma pena que a maioria dos homens ignora a existência desse manual, como fazem com todos os outros, achando que já sabem tudo... E sem ao menos pedir ajuda, vão desmontando o casamento, e ficam com um monte de parafusos na mão, sem saber o que fazer com eles.

A Bíblia é o manual do marido segundo a vontade de Deus. Esse manual, diferente dos outros, precisa ser lido, examinado e memorizado. Você não pode tratar seu relacionamento como um eletrodoméstico ou um móvel, que vai desmontando e remontando para ver se funciona. Uma vez que o casamento é uma criação sagrada de Deus, o Senhor não vai abençoar alterações feitas em seu projeto inicial. Por isso, guarde sua caixa de ferramentas por um momento. Para escrever este novo capítulo da sua história, você vai precisar apenas de uma caneta e muita atenção.

MANUAL DO MARIDO SEGUNDO A VONTADE DE DEUS: AME SUA ESPOSA

1. Seu amor é a base da submissão dela a você

Qualquer mulher será submissa a um marido que a ame como Jesus amou a igreja. E como Jesus amou a igreja? "Entregando-se por ela."[2] Seu amor pela esposa deve ser provado e comprovado por atos de valorização e cuidado, ainda que fazer isso exija muito de você. Mas, agindo assim, você conquista sua esposa de vez.

2. Demonstre amor cuidando dela

Nós, homens, somos desafiados por Deus a cuidar da nossa esposa como se ela fosse parte do próprio corpo. Isso significa que, assim como você atende aos pedidos do seu corpo, se alimentando quando tem fome, descansando quando está cansado, você deve estar atento às necessidades físicas, emocionais e espirituais da sua esposa, e deve supri-las.

3. Cuide dela passando tempo juntos

Você vai saber quais são as necessidades de sua mulher apenas se passar tempo com ela. Reserve tempo para conhecer particularidades da vida de sua esposa. Preste atenção às sutilezas dela, aos detalhes que ela valoriza, às pequenas coisas que a chateiam. Conviva com sua mulher, em vez de só passar por ela quando chega em casa.

4. Gaste tempo conversando

Disto você já sabe: mulheres gostam de conversar! É claro que a maior parte da conversa será dominada por ela — e quando está falando, ela deseja que você a ouça com atenção, olhando-a nos olhos. Mas conversar não é só falar: sua esposa também quer ouvi-lo, saber qual é seu ponto de vista, suas percepções e seus sentimentos. Toda mulher gosta quando o marido se abre e compartilha seus projetos, seus pensamentos e também suas tentações. Então, fale!

MANUAL DO MARIDO SEGUNDO A VONTADE DE DEUS: LIDERE

1  **Sua esposa só conseguirá se submeter se você liderar**

Liderança e submissão precisam de um do outro para acontecer. Não adianta reclamar que sua esposa é insubmissa se você não lidera sua família. Se não existe um líder, dificilmente haverá submissão.

2  **Sua esposa espera que você lidere**

Talvez você discorde e diga: "Ah, você não conhece o sargentão lá de casa!" Realmente, por causa do pecado, as mulheres têm a tendência de medir força com o marido.[3] No entanto, no fundo do coração, a mulher espera que o homem lidere, porque ela precisa de proteção (veja mais no próximo tópico). Assim, tome a iniciativa e assuma a responsabilidade no relacionamento. Foi assim que Deus planejou que o casamento funcionasse.

3  **Liderar significa assumir os riscos**

Sua casa pode ser comparada à uma embarcação. Existem vários tripulantes, mas só um capitão, e este, no caso, é você. Isso significa que você pode e deve consultar sua família, mas as principais decisões da casa devem ser tomadas por você. E mais: independentemente do que sua família palpitar, as responsabilidades e os riscos das decisões são apenas seus, assim como cabe ao capitão a honra de ser o último a deixar o navio.

4  **Para liderar, dependa de Deus**

A responsabilidade que está sobre seus ombros é bem grande. Por isso, invista em seu relacionamento com o Pai. Conheça a Palavra, seus princípios, e obedeça ao que ela diz. Caminhe em comunhão com Deus por meio da oração, expondo a ele suas dificuldades e pedindo ajuda. E não deixe para sua mulher a responsabilidade de levar sua família aos pés do Senhor. Seja você, como líder, a ensinar sua esposa e seus filhos a depender da direção de Deus.

Atividade

INTERVALO ||

O amor pela esposa é a base de todo o seu relacionamento, inclusive o que motiva a submissão dela por você. Por isso, não dá para escrever uma história top das galáxias se você não estiver demonstrando amor de uma maneira que ela o perceba e se sinta amada. Então, vamos exercitar o amor agora mesmo! **Escolha uma destas três atividades para fazer hoje ou amanhã com sua esposa:**

(   ) **Cuidar dela**
Sugestões: fazer para ela uma tarefa doméstica que está por fazer; proporcionar uma massagem relaxante a ela; levar café da manhã na cama; resolver um problema que a desgasta.

(   ) **Passar tempo juntos**
Sugestões: assistir a um programa de que ela goste (sem dormir); ouvir uma música juntos enquanto cozinham, arrumam um cômodo, jantam, entre outros afazeres; convidar para dar uma volta juntos (não precisa ser em algum lugar chique, pode ser em uma praça perto de casa).

(   ) **Conversar com ela**
Sugestões: tomar a iniciativa de iniciar a conversa e falar sobre temas que a interessem; perguntar sobre os sonhos dela para a família, para as férias, para a casa. Ouça com atenção e compartilhe seus sonhos também.

Atenção: lembre-se de que sua prioridade é fazê-la se sentir bem e amada. Se você não teve muito sucesso, tente outra abordagem ou escolha outra forma de demonstração de amor. Evite atitudes que irão gerar conflito ou desconforto.

▶ **CONTINUA**

MANUAL DO MARIDO
SEGUNDO A VONTADE DE DEUS:

SEJA O PROTETOR

1

Sua esposa precisa da sua proteção

Uma das características da mulher é que ela quer e gosta de se sentir segura e protegida. A principal pessoa em quem sua esposa deve buscar essa sensação de segurança é você, marido. Muitos homens têm fugido dessa responsabilidade, deixando a proteção da família sobre os ombros da mulher. Isso é um erro e só traz problemas. Assuma seu papel de macho alfa e seja o protetor da casa.

2

Proteja sua esposa fisicamente

Se vocês escutam um barulho em casa no meio da noite, é você quem vai ver o que está acontecendo, mesmo que sua esposa seja faixa-preta em karatê. Sua iniciativa em se sacrificar fisicamente por ela é o que importa, e o que a deixa apaixonada por você. Outra forma de proteger sua esposa fisicamente é ajudá-la em suas responsabilidades, principalmente se ela tem três expedientes: trabalho, casa e filhos. Respeite as limitações físicas de sua mulher, e não a sobrecarregue. Divida com ela os afazeres domésticos.

Proteja sua esposa emocionalmente

Sua esposa precisa saber que não existe outra mulher além dela em sua vida. Seja fiel a ela, custe o que custar. Não permita que nenhuma mulher ocupe nem mesmo seus pensamentos. Não dedique a nenhuma outra mulher — nem mesmo à sua mãe — mais atenção ou cuidado que à sua esposa.

3

4

Proteja sua esposa espiritualmente

Fala-se muito do poder da esposa que ora, mas a Bíblia fala também do *marido* que ora.[5] Interceda pela sua casa, pela sua esposa e por seus filhos, como faziam os sacerdotes do povo de Deus. Essa é a sua função e a sua honra. Esteja alerta e vigilante quanto a possíveis ataques espirituais contra sua família.

MANUAL DO MARIDO SEGUNDO A VONTADE DE DEUS: SEJA O PROVEDOR

1  **Ser provedor não é opcional**

Deus deu a Adão primeiro um trabalho e, depois, uma esposa. A sabedoria bíblica ensina que o homem precisa primeiramente criar condições de sustento antes de procurar uma mulher e, mais ainda, formar família.[6] Assim, no casamento, sua função como provedor da casa não é opcional. Isso não significa que sua esposa não possa trabalhar, e nem que ela não possa ganhar mais do que você. Em vez disso, ser provedor significa que sustentar a família é, em primeiro lugar, uma responsabilidade do marido. Há situações na vida em que isso não será possível, talvez por questões de doença ou de estudos. Mesmo assim, o peso da responsabilidade pelo sustento da casa deve estar sobre os ombros do marido, e jamais da esposa e dos filhos.

2  **Seja um provedor generoso**

A Bíblia diz que há maior felicidade em dar que em receber.[7] O marido segundo a vontade de Deus trabalha com alegria, sem murmuração, e também encontra tempo para ser generoso em suas atitudes. Ele abre mão de seu tempo de descanso para ajudar a esposa nas tarefas de casa e para dedicar-se à criação dos filhos.

3  **Seja o provedor espiritual da sua casa**

Como Jesus lembrou: "Nem só de pão viverá o homem".[8] Sua família não precisa apenas de alimento físico para se sustentar. Assim, você também tem de prover espiritualmente para sua casa. Muitas vezes, deixamos sobre a esposa a responsabilidade de ensinar a Bíblia aos nossos filhos, e somos omissos. Não fuja dessa responsabilidade, que também é um privilégio. Reúna sua família para diariamente orarem juntos, conversarem sobre Deus, lerem a Bíblia ou cantarem. Não é preciso que você conduza o momento, mas a iniciativa tem de ser sua.

MANUAL DO MARIDO
SEGUNDO A VONTADE DE DEUS:
SEJA ROMÂNTICO

1  **Não venha com essa de que "isso não é coisa de homem"**

Além de cuidar da esposa fisicamente, protegendo e provendo para a casa, seu papel também é cuidar dela emocionalmente, sendo romântico e carinhoso. Assim, esqueça aquele ditado que diz "isso não é coisa de homem!" Se sua esposa precisa de romance é você quem tem de dar!

2

Conquiste sua mulher todos os dias

Já ouviu aquela história de que o homem "rala" para conseguir o amor da mulher, mas depois que casa sente que não precisa fazer mais nada? Pois é, embora isso seja verdade em muitas casas, não pode ser na sua. Sua esposa precisa se sentir querida e desejada. Por isso, desafie-se a cortejá-la e conquistá-la todos os dias. Esforce-se para ser um cavalheiro, abrindo a porta do carro para ela e andando de mãos dadas, em vez de caminhar na frente dela. Planeje pequenas surpresas e demonstrações de carinho para manter sua esposa feliz, confiante e segura #parasempre.

3

Preocupe-se com a satisfação sexual de sua esposa

Muitos pensam que a mulher não gosta de sexo, mas isso não é verdade. Se você examinar o livro bíblico de Cântico dos Cânticos, verá que, na maioria das vezes, é a noiva quem procura o noivo para o momento íntimo. Ou seja, mulher gosta de sexo, sim! O que acontece é que muitos homens tristemente tratam a esposa como uma "caixinha de esperma", usando-a apenas para se satisfazerem. Sua maior preocupação, como marido segundo a vontade de Deus, deve ser agradar sua mulher, e não a si mesmo. Deus leva isso tão a sério que dispensava os judeus recém-casados dos compromissos públicos para que ficassem em casa e se dedicassem a agradar a esposa.[9] Assim, preocupe-se muito com a satisfação sexual de sua mulher. Trabalhe para que ela o deseje pelo prazer que você proporciona a ela.

Atividade

REESCREVA O EPISÓDIO

Quais são as cinco atitudes do marido segundo a vontade de Deus?

1. _____
2. _____
3. _____
4. _____
5. _____

Dessas atitudes, qual você tem tido mais dificuldade de incluir na sua história? Qual ponto requer mais a sua atenção?

_____

_____

Atividade

REESCREVA A CENA

Você se lembra da cena montada a partir dos pensamentos de sua esposa no começo do capítulo? Pois bem, agora é você quem vai escrever. O que você gostaria que sua mulher pensasse e dissesse a seu respeito? Que tipo de comentários e elogios você gostaria de ouvi-la dizer sobre você? Anote na cena a seguir.

Depois de perceber o que ainda precisa ser feito para ser esse esposo top das galáxias, peça a direção do Espírito Santo para guiá-lo nesse projeto difícil, mas maravilhoso, de ser um marido segundo a vontade de Deus.

ERROS DE GRAVAÇÃO

Quais são os erros mais comuns dos maridos no casamento?

DIMINUIR A ESPOSA

Menosprezar a esposa, desfazendo de sua inteligência, sua aparência e até comparando-a a outras mulheres é se autodestruir! Quando o marido faz isso, ele está diminuindo a si mesmo, pois, no casamento, a esposa se torna parte do marido, visto que os dois se tornam uma só carne. Assim, se o que você tem a dizer não vai edificar sua esposa, então nem fale.

TRATAR A ESPOSA COMO SUA MÃE

No passado, a mamãezinha fazia tudo o que o filhinho queria. Agora, crescido, o marido acha que a esposa é sua mãe, e pensa que ela tem o dever de servi-lo e fazer suas vontades. A instrução bíblica de deixar pai e mãe não significa só sair da casa dos pais, mas também deixar para

VOLTAR PARA O MENU

trás as coisas de menino mimado e assumir as responsabilidades de homem maduro, que incluem cuidar da esposa.

DEMONSTRAR QUE TUDO É MAIS IMPORTANTE QUE ELA

Se sua esposa lhe pede um favor e você vive esquecendo porque está resolvendo isso ou aquilo, tome cuidado. Você pode estar passando a impressão de que outras coisas são mais importantes que ela. Sempre trate os pedidos de sua esposa como prioridade. Isso não significa que você tenha de parar tudo para fazer o que ela pediu, mas que não irá esquecer e vai se programar para atendê-la o mais rápido possível.

NOTAS

1. João 13:12-17
2. Ver Efésios 5:25
3. Gênesis 3:16
4. Gênesis 2:24
5. Gênesis 25:21; Juízes 13:8-9; 1Timóteo 2:8; 1Pedro 3:7
6. Provérbios 24:27
7. Atos 20:35
8. Mateus 4:4
9. Deuteronômio 24:5

PRÓXIMA HISTÓRIA >

UMA
NOVA HISTÓRIA
DE **AM♥R**

INÍCIO   **HISTÓRIAS**   REGISTROS

UMA LINDA
história
PARA A
PRÓXIMA
GERAÇÃO

Criando filhos que sejam
felizes #parasempre

VIDA EM FAMÍLIA

Ninguém gosta quando um bom seriado acaba, não é verdade? Envolvemo-nos tanto com a história e com os personagens que seria bom se durasse para sempre! Da mesma maneira, não seria uma pena se a bela história de amor que vocês estão escrevendo se restringisse só à sua vida? Ainda bem que não é assim! Vocês podem expandi-la por gerações através da vida de seus filhos.

ASSUNTOS Criação de filhos
Filhos
Educação
Obediência
Pecado
Disciplina
Exemplo

Atividade

ESCREVA A CENA

Quais são os planos e as expectativas que vocês têm para seus filhos? Quais valores e princípios desejam que eles sigam na vida adulta? Que tipo de pessoa vocês gostariam que eles se tornassem?

Escrevam na página a seguir o que cada um de vocês considera prioridade na educação dos filhos. Se precisarem de mais espaço para escrever, usem os adesivos de balões de fala encartados no livro. Vocês também podem usar as outras figuras adesivas para expressar melhor suas expectativas quanto ao futuro das crianças.

ELEMENTOS DA TRAMA

Itens importantíssimos para escrever uma linda história que dure por gerações.

1. FILHOS

Os filhos são presentes de Deus para a vida das pessoas. A Bíblia diz que eles são uma herança e uma recompensa do Senhor.[1] Nos dias bíblicos, a herança era o maior bem que alguém poderia receber durante a vida. Assim, filhos não são apenas fruto de uma decisão do casal, mas uma recompensa e uma bênção de Deus para a vida deles.

2. PECADO

Todos nascem pecadores,[2] inclusive seus filhos. Podem ser lindos e graciosos, mas ainda assim são pecadores. É o pecado que leva seu filho a desafiá-los e desobedecer-lhes. No entanto, quando corrigem os filhos, vocês diminuem a influência e as consequências do pecado sobre a vida deles,[3] sendo que a morte é a maior consequência de todas.

3. EDUCAÇÃO

A educação é o meio pelo qual vocês transmitirão aos filhos valores e princípios que guiarão a vida deles até a velhice. A Bíblia diz que os filhos não se desviam dos princípios que passamos a eles por meio da educação.[4] A disciplina faz parte da educação, pois, por meio dela, fixamos na mente e no coração das crianças o nosso ensino.

4. OBEDIÊNCIA

Um dos objetivos dos pais é ensinar os filhos a serem obedientes. Se a criança não for obediente aos pais, ela dificilmente obedecerá ao Senhor e menos ainda a qualquer outra autoridade humana (professor, líderes civis, chefe etc.). A criança desobediente, entregue a si mesma, trará vergonha aos pais em todos os estágios da vida.[5]

5. EXEMPLO

Já foi dito que, neste mundo, nada se cria, tudo se copia. É uma grande verdade. Precisamos de pessoas que nos mostrem o que fazer e como agir para caminharmos nos passos dela. O próprio Jesus agiu assim. Ele ensinou seus discípulos durante alguns anos, mas não ficou só nas palavras. Ele agiu e, então, pôde dizer: "Amem-se uns aos outros como eu os amei".[6]

Poucas coisas doem mais em um pai ou em uma mãe do que presenciar o fracasso de um filho. Nada é mais triste do que olhar para seu filho e saber que ele sofre porque algo não deu certo na vida dele. Sem dúvida, as maiores dores na vida de um homem ou de ou uma mulher estão ligadas às decepções familiares.

Qualquer mãe daria tudo para não ver o filho deitado inconsciente em uma cama de hospital por ter se acidentado ao dirigir embriagado. Qualquer pai trocaria as melhores recompensas profissionais para não ver o filho sendo ameaçado de morte por um traficante. Todos nós faríamos de tudo para aliviar as dores de nossos filhos.

ENTÃO, POR QUE NÃO CRIÁ-LOS DE MODO QUE NEM ELES — NEM NÓS — SOFRAM TANTO?

Enquanto seus filhos ainda estão em casa, debaixo da sua tutela e da sua autoridade, vocês podem transferir para eles valores, princípios e ensinamentos que irão garantir seu sucesso como pais e o sucesso deles como futuros adultos de bem. Devemos desejar viver a paternidade e a maternidade de tal forma que olhemos para trás e saibamos que nossa tarefa foi cumprida.

Esse prêmio não se alcança com sorte na loteria da vida, mas com a determinação de um lavrador. O agricultor cuida da plantação dia a dia. Ele não comparece ao campo uma vez por semana para ver se as plantas se comportaram direitinho em sua ausência. Ele diariamente cultiva, rega, aduba, poda, limpa e faz tudo mais que é necessário para que, no futuro, volte para casa com os braços cheios do fruto do seu trabalho e o coração transbordante de satisfação por saber que valeu a pena.

A criação de filhos é semelhante ao trabalho do lavrador. O investimento é diário, e o retorno, muitas vezes, não é imediato. Mas com fé e determinação ele virá! Basta se dedicar de coração a essa nobre missão que Deus incluiu na história de vocês, trabalhando para escrever o melhor capítulo que puderem na história dos seus filhos. Confiram abaixo sete princípios para ajudá-los nisso.

1. COMECEM SENDO O EXEMPLO

Vocês já devem ter ouvido a frase, "suas ações falam tão alto que não consigo escutar o que você diz". Isso ressalta o poder das atitudes nos relacionamentos humanos. É uma ideia totalmente verdadeira dentro do seu relacionamento com amigos, parentes e cônjuge, e ainda mais no que diz respeito ao relacionamento com os filhos.

Filhos são esponjas. Eles vão absorver e reproduzir tudo o que vocês disserem, ainda mais o que vocês fizerem. Assim, se querem que seu filho mude algum comportamento, vale a pena observar seu próprio modo de agir. Será que não tem algo que vocês precisam mudar e, assim, mostrar a eles pelo exemplo, e não só por palavras, como devem se comportar?

Uma das necessidades dos filhos é ter uma referência na vida. Na verdade, todos nós precisamos de referência. A questão é que quando falta referência em casa, as pessoas buscam-na fora, e nem sempre as referências de fora são as melhores. Assim, o sucesso na criação dos filhos é medido pelo que vocês fizerem como pais, não pelas atitudes deles como filhos.

2. LIDEREM PELO EXEMPLO, MAS NÃO DEIXEM DE EXERCER AUTORIDADE

Se os filhos não encontram autoridade nos pais, eles não irão respeitá-los. Perder a obediência e o respeito dos filhos é o maior problema que qualquer pai ou mãe podem enfrentar.

Saibam, entretanto, que todos os filhos irão desobedecer em algum momento. Isso faz parte da natureza humana, que está marcada pelo pecado. Porém, se com o passar do tempo, as crianças não forem bem direcionadas e libertas da influência do pecado, acabarão fazendo vocês sofrerem demasiado desgosto e passarem muita vergonha.

Ninguém precisa aprender a desobedecer. Todos já nascem fazendo isso. O que precisa ser feito é ensinar a obediência. Pais, esse é o seu papel, que será feito exercendo autoridade.

Não confundam autoridade com autoritarismo. O objetivo do autoritarismo é fazer com que sua vontade prevaleça. O objetivo da autoridade é fazer com que seus filhos floresçam, ensinando-os a desenvolver suas capacidades e sua autoconfiança. Diante de um pai autoritário, os filhos tremem e, tão logo têm oportunidade, fogem. Já perante um pai que exerce autoridade, os filhos sentem-se seguros de que há um rumo a seguir, o qual visa ao seu bem.

3. EXERÇAM A AUTORIDADE COM JUSTIÇA

Não existe Pai mais perfeito que Deus. Ele deve ser seu maior modelo de paternidade. E entre as tantas qualidades que o Senhor tem, uma inconfundível é a sua justiça.

Ser justo na criação dos filhos é cumprir o que vocês prometeram. Se disseram que ele vai ganhar X se fizer Y, e ele agiu de acordo com o combinado, cumpram a promessa. Se falaram que ele iria ser corrigido caso lhes desobedecesse, e ele desobedeceu, então cumpram a promessa, corrigindo-o. Quando falamos e não cumprimos, seja em questões agradáveis, seja em questões duras, somos injustos e perdemos o respeito de nossos filhos.

Ser justo também é ensinar com palavras e atitudes o que precisa ser feito. Se seu filho agiu mal, mas não sabia o jeito certo de agir, é injusto corrigi-lo. Ensine a ele que seus atos têm consequências *antes*, e lhes diga de antemão quais são elas. Não espere que as crianças já saibam o que vocês esperam delas. Se nunca lhes disserem, não poderão cobrá-las depois. Quando agimos com injustiça, irritamos as crianças, o que é desagradável ao Senhor.[7]

Ser justo também é encorajar e motivar. É assim que Deus nos trata. Ele não nos corrige para satisfazer a ira de um pai contrariado. Em vez disso, nos corrige como demonstração de amor e preocupação, e sua disciplina produz em nós "fruto de justiça e paz".[8] Ou seja, porque nosso Pai nos corrige com justiça, tornamo-nos justos como ele. Reproduza isso em seu lar, com seus filhos. Corrija-os com justiça para que eles também sejam justos, e prolongue por muitos anos a história de felicidade que vocês estão escrevendo hoje na vida deles.

Atividade

INTERVALO ||

Ser pai é realmente uma tarefa muito difícil e ninguém descobriu até hoje um jeito infalível de fazer isso! Mas lembrem-se que ser filho também não é fácil. Nenhum de nós foi um filho exemplar, que nunca errou nem desafiou a autoridade dos pais. Certamente, seus filhos também não são perfeitos! Apenas Jesus foi perfeito em tudo o que fez.

Por isso, pais e filhos precisam de ajuda sobrenatural para desempenhar seus papéis e criar uma história com mais cenas de alegria do que de tristeza.

A melhor forma de receber essa ajuda é pela oração. Vocês têm o costume de orar *com* seus filhos, e não somente *por* eles? Quando intercedemos pela vida deles, pedimos a Deus que os acompanhe aonde nós, pais, não podemos estar. Mas quando oramos *com* eles, damos o exemplo de como eles devem conduzir sua vida, em obediência e amor a Deus.

Aqui vão algumas dicas para criarem uma rotina de oração com seus filhos:

- **Aproveitem o momento da refeição para orar, que é quando a família geralmente está toda reunida.**
- **Orem com eles quando forem se deitar. Perguntem se há algo que os incomoda e que gostariam de entregar a Deus.**
- **Chame-os para orar antes de saírem para a escola. Orem juntos pelo dia de cada membro da família.**
- **Façam um rodízio: hoje, a mãe faz a oração; amanhã é o pai. Depois, é um filho quem ora, e então, o outro. Assim eles verão que todos têm o mesmo nível de acesso a Deus, e que todos podem se achegar a ele pela oração.**
- **Em todas as ocasiões, façam orações curtas e simples que as crianças consigam compreender e até repetir sozinhas.**

E então, qual dessas dicas vocês irão colocar em prática ainda hoje?

> ▶ **CONTINUA**

4. TREINEM SEUS FILHOS

Toda pessoa extraordinária tem um treinador ao seu *lado*, ensinando-a, incentivando-a, dando as dicas de que ela precisa, estabelecendo desafios e levando-a a superar seus limites.

Vocês são os treinadores, os técnicos, os *coaches* de seus filhos.[9] Cabe a vocês prepará-los para a vida. É seu o privilégio de lhes transmitir princípios e valores que têm norteado sua vida como indivíduos e como casal, para que também influenciem a história de seus filhos.

Essa é a sua missão, e ela não pode ser terceirizada. Escola, igreja, babá, avós etc., não são os treinadores designados por Deus para a preparação de seus filhos. A escola ensina a ler e fazer contas; a igreja ensina sobre a vida em comunidade; a babá esquenta a comida na ausência dos pais; e os avós mimam os netos. Cada um deles tem uma função determinada, e não é a de treiná-los para vida. Fazer isso é responsabilidade sua, estabelecendo alvos bons e possíveis para que eles aprendam e desenvolvam os mesmos valores que nortearam a história de vocês até hoje.

5. FAÇAM ISSO COLOCANDO-SE NO LUGAR DELES

Se há um princípio difícil para nós, pais, é o de exercer a empatia em relação a nossos filhos. Empatia é a capacidade de se colocar no lugar do outro e, compreendendo o momento da vida dele, exercer misericórdia e compaixão no relacionamento.

Temos muitas expectativas para nossos filhos, mas raramente paramos para nos perguntar como eles estão recebendo e encarando isso. Entendam algo simples: filhos são filhos, e não pequenos adultos. Bebês, crianças ou adolescentes, eles estão em construção e precisam que um adulto os orientem. Vocês são os adultos da vida deles. Como pessoas recém-chegadas ao mundo, as crianças precisam que nós, pais, tenhamos uma boa dose de paciência, compaixão e perseverança para com eles. Deus requer isso de nós, pois nos trata da mesma forma.[10]

Quando nos colocamos no lugar de nossos filhos, começamos a perceber que quando se comportam mal, estão, na verdade, reagindo a alguma coisa. Será que é ao pecado? Nesse caso, precisam de correção. Estão reagindo a uma dúvida? Então, precisamos ensiná-los. Cada caso precisa ser analisado. Não podemos nos resignar a ficar reclamando do mal comportamento das crianças. Em vez disso, sendo adultos, temos de avaliar o que tem levado nossos filhos a se comportarem daquela maneira e encontrar uma solução. Falta disciplina? Falta exemplo? Falta justiça? Se criarem a prática de avaliar os filhos, vocês terão uma vida em família muito mais eficiente do que se apenas viverem no "modo automático" da reclamação.

6. EM VEZ DE RECLAMAR, AMEM-NOS INCONDICIONALMENTE

Talvez vocês digam: "Ah, a gente já ama nossos filhos incondicionalmente!".

Sem dúvida, sentimos um afeto enorme, inexplicável e talvez até incontrolável pelos filhos. No entanto, o amor não é um sentimento. Trata-se de uma atitude e de uma escolha. Isso é verdade no relacionamento entre vocês, marido e mulher, como foi verdade no amor de Deus pelo mundo, que decidiu entregar o Filho dele em nosso favor,[11] e também é verdade no relacionamento de vocês com seus filhos.

Assim, o que muda quando vocês *decidem* amá-los incondicionalmente?

Vocês *reagem* de modo diferente a possíveis frustrações. Se eles se comportarem mal, se não se interessarem pelo que vocês dizem, se não aprenderem o que já lhes ensinaram mil vezes, vocês não reagirão com reclamação ou irritação, mas com amor.

É assim que Deus trata a gente, não é verdade? Quantas vezes o Senhor perdeu a paciência e ficou sem falar com vocês, só de raiva? Quantas vezes ele gritou lá do céu: "Darrell, desisto de você!"? Quantas vezes ele deixou Marcia de castigo só para ele ter um pouco de paz para continuar suas atividades? Ele nunca fez isso. Ainda que tenha nos corrigido em nossas muitas falhas, todas as suas atitudes sempre foram guiadas pelo amor, e nunca por ira, impaciência, irritação ou vingança.

O amor incondicional pelos seus filhos ficará ainda mais evidente nos momentos de desobediência e rebeldia do que nos momentos de carinho e festa. Mas isso não quer dizer que vocês não devam demonstrar amor incondicional quando está tudo bem! Aproveitem esses momentos de paz para valorizar seus filhos e se alegrar com eles, como o Senhor faz conosco.[12]

7. E FAÇAM TUDO ISSO COM UMA MISSÃO EM MENTE: VOCÊS IRÃO SOLTÁ-LOS

Esta é, sem dúvida, a parte mais difícil da missão dos pais: preparar os filhos para soltá-los. Seus filhos não ficarão para sempre sob suas asas, por mais que queiram. Precisamos prepará-los para a partida.

A Bíblia compara os filhos com flechas,[13] as quais nós, pais, devemos lançar com todo empenho a fim de que cheguem bem mais longe do que nós chegamos. São eles que darão continuidade à história que vocês estão escrevendo hoje.

Talvez vocês pensem que o mundo é um lugar perigoso para seus filhos, e estão certos quanto a isso. Porém, mantê-los em casa é como manter um grande navio ancorado no porto. Certamente o porto é o lugar mais seguro para um navio estar, mas o navio não foi construído para ficar atracado, e sim para navegar em alto-mar. O mesmo acontece com seus filhos. Eles são uma herança que Deus lhes deu não para serem mantidos em casa, mas para servirem de bênção a outras famílias sobre a terra.[14]

Essa é a missão maravilhosa que Deus tem para a vida de seus filhos, e ele os convida a tomar uma parte muito especial nela. Entender isso é fundamental para que a educação que ministram a eles esteja focada em prepará-los para a partida, em vez de torná-los cópias em miniatura de vocês.

Uma vez que Deus está na história, vocês não criam seus filhos para o mundo, como normalmente se diz, mas para fazer diferença no mundo. Criem--nos para se tornarem grandes bênçãos de Deus na vida de outras pessoas, como foram para vocês. Assim, vocês poderão pensar: "Nós tivemos parte na formação deste homem ou desta mulher espetacular. Somos uma família feliz que irá durar #parasempre".

FIM

ATIVIDADE

Anotem a seguir os sete princípios bíblicos para a criação de seus filhos. Depois, destaquem esta página e coloquem-na em um lugar visível para que possam reler e relembrar diariamente como influenciar de forma positiva a história de seus filhos para que eles também vivam felizes #parasempre.

1

2

3

4

5

6

7

ERROS DE GRAVAÇÃO

Os erros dos pais que podem prejudicar a história dos filhos.

ACHAR QUE SÃO DONOS DOS FILHOS

Tem gente que pensa que filho é propriedade privada. Porém, os filhos não pertencem aos pais, mas ao Senhor. Quando entendemos isso, lhes damos a oportunidade de crescerem e alcançarem o potencial que o Senhor lhes deu, que é muito maior do que os nossos planos para eles.

ROTULAR O FILHO

Tem pai e mãe que se acham no direito de dizerem ao filho coisas como: "Você nunca faz nada certo". Deus nunca deu esse direito aos pais, pois ele é quem julgará as ações e as intenções de todas as pessoas, inclusive as suas e as de seus filhos.[15]

SUPERPROTEGER OS FILHOS

Cuidar dos filhos não significa impedi-los de ralar o joelho, cortar a mão, cair de bicicleta etc. Quando superprotegemos nossos filhos para evitar que errem ou sofram, estamos impedindo-os de aprender.

SE ACHAR O CHEFÃO

"Quem manda aqui sou eu!" Quem diz isso está comunicando aos filhos que, quando tiverem condições de sair de casa, não precisarão mais respeitá-lo como autoridade na família. Ajudem seus filhos a obedecer-lhe e respeitá-lo, não porque o temem, e sim porque o amam.

VOLTAR PARA O MENU

NOTAS

1. Salmos 127:3
2. Salmos 51:5
3. Provérbios 22:15; 23:13-14
4. Provérbios 22:6
5. Provérbios 29:15
6. João 15:12
7. Efésios 6:4
8. Jó 5:17;
   Hebreus 12:5-12
9. Deuteronômio 6:7
10. Salmos 103:13
11. João 3:16
12. Sofonias 3:17
13. Salmos 127:4
14. Gênesis 12:2-3
15. 1Coríntios 4:5;
   Hebreus 4:12

PRÓXIMA HISTÓRIA > **À PROVA DO TEMPO**

UMA NOVA HISTÓRIA DE AMOR

INÍCIO HISTÓRIAS REGISTROS

À PROVA DO TEMPO

Lidando com os desgastes da vida *A2*

Você está aqui:
HISTÓRIAS > MAIS ROMANCE E MENOS DRAMA > À PROVA DO TEMPO

MAIS ROMANCE E MENOS DRAMA

O alvo do casamento é sermos casados e felizes *#parasempre*. Mas o que acontece quando olhamos para nossa relação e vemos que ela está tão debilitada que parece não sobreviver nem mais um mês? Como superar os desgastes do tempo e alcançar o *#parasempre*?

ASSUNTOS Felicidade no dia a dia
Convívio
Cultivo
Respeito
Tédio
Comodismo
Desgaste

137

Atividade

ESCREVA A CENA

Qual foi a última vez que vocês ficaram juntos, só vocês dois? Resgatem esse momento na memória e escrevam na página a seguir um diálogo baseado no que vocês conversaram nessa última vez que estiveram a sós. Sobre quais temas giraram o diálogo de vocês? Foi agradável?

Escrevam na página seguinte, utilizando os balõezinhos. Se precisarem de mais espaço para escrever, usem os adesivos de balões de fala encartados no livro. Vocês também podem usar as outras figuras adesivas para expressar melhor o sentimento de cada um em seu último momento *A2*.

ELEMENTOS DA TRAMA

Veja alguns itens que merecem atenção para evitar o desgaste no relacionamento.

1. CONVÍVIO

Quando Deus criou o casamento, projetou que marido e mulher convivessem no mesmo espaço, na mesma casa, porque se tornaram uma só carne.[1] Assim como somos obrigados a conviver com o próprio pé ou a própria mão, a convivência faz parte do casamento.

2. CUIDADO

"Tu te tornas eternamente responsável pelo que cativas". Essa famosa frase de o *Pequeno príncipe* não está na Bíblia, mas a responsabilidade do cuidado um com o outro está, sim.[2] O casamento não é um relógio de corda. Ele precisa de cuidado e atenção diários.

3. TÉDIO

Ficar entediado é um problema do ser humano, principalmente em um mundo tão cheio de novidades como o nosso. O tédio, porém, acontece quando desviamos os olhos da missão que Deus nos deu, que é dar glória a ele e perceber a glória dele em tudo o que vemos e fazemos, inclusive no nosso casamento.[3] Quando estamos maravilhados com a glória de Deus, nada mais é entediante.

4. COMODISMO

O comodismo é quase um parasita! É difícil tirá-lo de alguém quando ele já se acomodou. Ficamos acostados em uma vida sem graça, uma relação desgastante ou um casamento morno simplesmente porque temos preguiça de nos mexer! A preguiça, porém, é fortemente condenada na Bíblia.[4] O comodismo não vem de Deus, e é uma ameaça ao casamento.

Quem já não se sentiu como na música *Cotidiano*, de Chico Buarque? "Todo dia ela faz tudo sempre igual", "Todo dia eu só penso em poder parar". A rotina exerce um poder muito forte na vida das pessoas, e ao mesmo tempo que transmite sensação de segurança, pode sufocar.

A sensação de fadiga também pode assombrar o convívio *A2*. O jeito de o outro fazer tudo sempre igual, com os mesmos defeitos que ele nunca consegue superar, as mesmas manias — tudo isso pode levar o cônjuge ao extremo de jogar a toalha e dizer: "Eu não aguento mais!". Pesquisas apontam que 37% das pessoas que se separam afirmam que o fim da relação se deu pelo cansaço da convivência. É claro que nem todos os casais desgastados se separaram, mas muitos dos que preferem permanecer casados não se empolgam mais com a relação, e talvez continuem juntos por mera conveniência.

Será que não tem opção? Quer dizer que todo casamento, uma hora ou outra, vai começar a desmoronar e os cônjuges não terão outra escolha a não ser a infelicidade do divórcio ou o desgosto de uma vida sem graça?

É claro que não! É inevitável que o convívio gere algum tipo de desgaste, mas desenvolvendo as atitudes certas, os anos de convivência irão aproximar você cada vez mais do seu amor, em vez de afastá-lo.

NÃO EXISTE RELACIONAMENTO QUE DURE SE NÃO HOUVER CUIDADO

Se você não fizer do casamento a prioridade da sua vida, ele já está fadado ao fracasso. O casamento é como uma plantinha: requer cuidados diários. Você já viu alguma planta morrer de velhice? Muito difícil, não é? As plantas morrem na maioria das vezes por falta de atenção. Assim também os casamentos *não* morrem de morte natural, eles são assassinados. E não há apenas um vilão nessa novela. É geralmente um conjunto de fatores, menosprezados no dia a dia do casal, que se amontoam e fazem com que a relação se torne insustentável. Isso é lamentável. Se os cônjuges tivessem dado um pouquinho mais de atenção a um detalhe ou outro, poderiam evitar o desgaste e não precisariam jogar fora toda a história que escreverem juntos. Poderiam muito bem iniciar um novo capítulo, muito melhor do que os anteriores.

Há algumas atitudes fundamentais para defender o casamento dos danos causados pelo tempo e pela convivência. Elas funcionam como óleo lubrificante no motor do carro, que protege do atrito cada componente e permite que funcionem em harmonia.

A PRIMEIRA ATITUDE
FUNDAMENTAL É O RESPEITO

Você já ouviu dizer que mulher quer amor e homem quer respeito, não é? Isso é 100% verdade. Mas não quer dizer que a mulher não precise ser respeitada também. Como se diz por aí: "Respeito é bom e eu gosto". Todo mundo precisa ser e se sentir respeitado, seja homem, seja mulher.

Vocês se respeitam no convívio diário?

Infelizmente, depois que se casam, os cônjuges permitem que a familiaridade que têm entre si gere desrespeito. Invadem o tempo e o espaço um do outro sem pedir licença; não consideram o descanso do outro, fazendo barulho; e nem o trabalho doméstico, bagunçando o que foi arrumado. Não têm pudor de levantar a voz para o marido ou a esposa na frente de filhos, familiares, amigos e até desconhecidos. Agem de maneira inconveniente, com maus modos, sem se preocupar se o outro se sente ofendido. Muitos não teriam coragem de se comportar assim com pessoas que mal conhecem, mas acham que o cônjuge, a quem amam, tem a obrigação de suportar desonra.

O que acontece quando não há respeito na relação? Com o passar do tempo, o relacionamento fica insustentável. Ninguém consegue conviver com um ogro, a menos que se torne um. Mas você quer estar casado com um ogro ou uma ogra?

É com respeito que o casal constrói um ambiente que favorece a comunicação, a confissão de pecados, o perdão e tantas outras atitudes essenciais para que sua história de amor melhore e evolua a cada dia, até a plenitude de serem felizes *#parasempre*.

SEM CONVERSA NÃO HÁ CRESCIMENTO

No começo da sua história *A2*, como eram as conversas de vocês? Quanto tempo passavam ao telefone, às vezes até sem muito assunto para conversar, só mesmo para ouvir a voz um do outro?

Vocês ainda mantêm esse mesmo ritmo de diálogo?

Muitos casais acham que não precisam mais conversar porque já vivem juntos. Se isso realmente fosse verdade, as pessoas não precisariam mais orar depois que se convertem, já que o Espírito Santo passa a morar dentro delas, não é verdade? Mas não é assim que as coisas funcionam, nem no casamento, e nem na vida cristã.

A comunicação é um presente que Deus ofereceu apenas aos seres humanos, a fim de viverem em comunhão. Quando um cônjuge comunica ao outro seus pensamentos, seus sentimentos e suas preocupações, permite que o outro o conheça melhor e, assim, caminhe ao seu lado. Da mesma forma, quando o cônjuge se dispõe a ouvir o que o outro tem a dizer (mesmo que você já saiba o que ele vai falar!), ambos criam um ambiente de concordância, transparência e sinceridade. Nessa atmosfera encantadora, sua história de amor pode ter até mil capítulos sem jamais ficar monótona.

TEMPERE SEU RELACIONAMENTO COM BOM HUMOR

Vamos combinar: não dá para levar tudo a ferro e fogo, não é? Nenhuma relação suporta o mau humor, nem mesmo uma relação formal de trabalho. Quando pequenos deslizes, como quebrar um copo, por exemplo, são tratados com humor e amor, a convivência fica muito mais agradável, e praticamente não há mais desgaste.

Vocês são bem-humorados no trato um com o outro? Conseguem relevar pequenas falhas, ou implicam com tudo?

Um clima leve em casa é o ambiente ideal para o amor reinar. O lar se torna aconchegante para quem vive nele e convidativo para os de fora. Aprendam a rir dos incidentes do dia a dia, porque eles voltarão a acontecer. Se tudo virar motivo para dar bronca, seu romance estará com as páginas contadas!

Atividade

INTERVALO ||

Muitas vezes o desgaste acontece no casamento porque o casal, embora viva na mesma casa, apenas se esbarra ocasionalmente. Eles não têm mais um tempo de romance juntos como tinham na época do namoro.

Queremos que vocês tirem um tempo assim agora, antes de seguir na leitura do livro. Este será um momento, que chamamos de *olhos nos olhos*.

- **Escolham aleatoriamente uma *playlist* de músicas românticas instrumentais. Deem o play.**
- **Levem os celulares para bem longe de vocês.**

- Sentem-se de frente um para o outro.
- Durante um minuto, olhem-se nos olhos um do outro e demonstrem amor um pelo outro somente com esse jeito de olhar.
- Não falem.
- Não se toquem.
- Não sorriam.

Aproveite estes sessenta segundos para repassar em sua mente toda a história de vida que vocês já escreveram juntos: conquistas, decepções, quedas e crescimento.

Na correria do dia a dia, nos esquecemos de cultivar atitudes simples como essas. Por conta disso, terminamos vivendo um relacionamento enfermo e sem vida. Porém, ao resgatar esses pequenos momentos de intimidade ao longo do dia, redescobrimos quem realmente nos completa, quem Deus escolheu para construir conosco uma história linda em que seremos, do começo até o final, casados e felizes #parasempre.

A AMIZADE TAMBÉM É ESSENCIAL

Cada um de vocês exerce vários papéis na vida um do outro: marido, esposa, amante, parente... Mas também precisam ser amigos.

Vocês são os melhores amigos um do outro?

Alguns casais se tratam mais como sócios do que como amigos. Eles dividem responsabilidades e trabalham para um mesmo propósito, mas não têm mais nada em comum. Quando não existe uma questão "administrativa" para resolver, não têm assunto para conversar. Não dividem sonhos, novidades, piadas e nem mesmo segredos.

Geralmente as amizades duram décadas. Há amigos, aliás, que conhecemos antes do nosso cônjuge. Atravessamos o tempo juntos, compartilhando tudo sem fazer cerimônia e também ouvindo tudo o que têm a nos dizer, sem nos ofendermos. Amizades sinceras dificilmente se quebram.

Isso acontece porque a amizade verdadeira está fundamentada na lealdade. Significa que podemos contar todos os nossos segredos certos de que não serão compartilhados com mais ninguém. Mas isso não é tudo. Um amigo leal também é aquele que fala o que precisamos ouvir, não para nos machucar, mas porque nos ama.[5] Ele tem passe livre na nossa vida, e o ouvimos com toda a atenção.

Agora traga esses ingredientes para seu casamento. Além de uma grande história de amor, vivam uma grande história de amizade. Haverá momentos na vida em que vocês terão apenas um ao outro, e se não houver amizade nesses dias, é provável que se cansem do convívio.

MANTENHA UMA AMIZADE "COLORIDA" COM O CÔNJUGE

É claro que o romance não pode ficar de fora de sua história! Afinal de contas, vocês são casados, não é mesmo?

Vocês ainda se namoram e se paqueram? Saem juntos, se beijam?

É triste que muitos casais que viviam grudados quando ainda eram namorados acabam fisicamente distantes dentro da mesma casa. Eles se amam, conversam e são até amigos, mas o romance morreu. De tão acostumados com a presença do outro à disposição, não se beijam mais, não se tocam mais, não se elogiam mais.

Casamento é lugar de paquera e namoro, sim! Para não sofrer desgaste, o casamento precisa de uma dose diária de romantismo. Sua história *A2* precisa de cenas proibidas para menores de 18 anos! E se os "menores de 18" forem seus filhos, pensem em estratégias para ficarem sozinhos. Arrumamos soluções para tanta coisa: quando o carro quebra, quando precisamos ir ao médico, por exemplo. Por que não se planejar para namorar e curtir seu amor? Beijar na boca, andar de mãos dadas, terem momentos só para os dois são ações essenciais para manter o amor vivo no relacionamento. Sem romance, a convivência se torna mecânica, desinteressante e se esgota em pouco tempo.

O pior é que, sem romance em casa, alguns procuram satisfazer essa lacuna fora de casa. Às vezes as pessoas nem percebem o quanto estão carentes de romance até que surge alguém cheio de amor para dar, e elas observam que a vida poderia ser muito mais emocionante e intensa do que tem sido em seu casamento. Como vocês bem sabem, cachorro com fome vasculha até lixo na rua. Ele pode até ter o maior banquete do mundo em casa, mas se a comida fica trancada na geladeira, de que adianta?

UMA RELAÇÃO DESGASTADA PODE CRIAR BRECHAS PARA A INFIDELIDADE

Ser infiel não é normal, nem bom, nem aceitável. É terrível que algo tão básico para o relacionamento *A2*, como é a fidelidade, esteja sendo banalizado pela sociedade. Porém, o que temos visto é que sem respeito, diálogo, bom humor, amizade e romance não sobra muita coisa para segurar o cônjuge na relação.

Muita gente diz: "Isso nunca vai acontecer comigo". Deus queira que não! Mas não vacile, pois o diabo não está de brincadeira. A tentação passa na frente do seu amor todos os dias. A questão é se ele será fisgado ou não. Sendo assim, não pense que seu cônjuge é imune ao adultério, porque todos nós — até mesmo você — podemos cair. Em vez de ignorar essa questão, ajude-o a não pecar.

Como fazer isso?

Já demos a resposta: com respeito, diálogo, bom humor, amizade e romance. Tomem para si a responsabilidade de criar um clima agradável em seu relacionamento, haja o que houver.

Contudo, vocês podem fazer mais: sejam fiéis um ao outro em todas as situações, a começar pelos seus pensamentos. Você se permite fantasiar com alguém que não seja seu cônjuge? Jesus ensina que qualquer intenção impura em relação a outra pessoa, materializada ou não, já é adultério.[6] Ou seja: mesmo que o caso não tenha saído da sua mente, já é condenável diante de Deus. É certo que muitos pensamentos cruzam nossa cabeça sem nem nos darmos conta, e alguns deles são pensamentos adúlteros. O que fazer? Já foi dito que não podemos impedir um pássaro de fazer cocô na nossa cabeça, mas podemos evitar que ele construa um ninho. Logo, não abrigue pensamentos adúlteros. Confesse-os a Deus assim que passarem pela sua mente.

E se é dessa maneira em termos de pensamento, o que se pode dizer das atitudes? Ser infiel não é apenas ir para a cama com outra pessoa. Flertar, ficar de conversa mole e buscar intimidade emocional com quem você não é casado também são atos de infidelidade. Mesmo que pareçam inocentes, a Bíblia diz que quem age assim, a si mesmo se destrói.[7]

Porém, a infidelidade não existe somente na área sexual. Ser fiel é ser transparente em todas as áreas da vida: nos gastos, nos hábitos, nas amizades etc. Ou a fidelidade é total ou ela não existe. Não tem esse papo de ser "meio fiel".

Seu parceiro tem acesso ao que quiser saber da sua vida? Aos seus contatos no celular, aos seus e-mails, à sua conta bancária, à fatura do seu cartão de crédito, aos seus compromissos, às suas redes sociais?

Não se esconda por trás de meias-verdades. Seu casamento não irá sobreviver a isso. Seja totalmente transparente com seu cônjuge. Dê a ele a senha do seu celular, da conta do banco, dos cartões de crédito. Abra sua agenda e preste conta de todos os seus passos se for necessário. Assuma um compromisso diante dele e de Deus de ser 100% fiel. Então, sim, vocês poderão ter uma linda história de amor, sem mais desgastes.

FIM

Atividade

REESCREVA O EPISÓDIO

Ao longo do texto, deixamos várias perguntinhas para vocês. Respondam a seguir:

Vocês se respeitam no convívio diário?
(   ) Sim
(   ) Não

Vocês ainda mantêm o mesmo ritmo de diálogo da época de namoro?
(   ) Sim, ou até mais
(   ) Não

Vocês são bem-humorados no trato um com o outro?
(   ) Sim
(   ) Não

Vocês são os melhores amigos um do outro?
(   ) Sim
(   ) Não

Vocês ainda se namoram e se paqueram? Saem juntos, se beijam?
(   ) Sim
(   ) Não

Dos pontos mencionados — respeito, conversa, bom humor, amizade, romance — o que está mais desgastado no relacionamento de vocês?

_____

_____

O que cada um de vocês vai mudar no próprio comportamento para que o convívio *A2* se torne mais agradável?

Marido: _____

_____

_____

Mulher: _____

_____

_____

Atividade

CENAS EXTRAS

Uma forma bem legal de criar um ambiente favorável em nosso relacionamento é escrevendo uma carta de gratidão um para o outro. Escreva uma carta para seu amor e ele uma para você, e combinem um momento de entrega, ou mesmo envie pelos Correios de forma que vocês possam recebê-la em outro momento, ficando o charme da surpresa. Imagina quanto tempo você não recebe uma carta pelos Correios?

Agradeça por tudo o que você já recebeu do seu amor. As coisas que ele(a) deixou para trás, o cuidado com você, quando ela confiou, quando ele insistiu e tudo que fez para que vocês chegassem até aqui. Quanto mais detalhista você for e abrir seu coração agradecendo, mais efeito essa carta terá para blindá-los contra os desgastes da vida *A2*.

Depois de escreverem a carta, vocês podem destacar a página e colocá-la em um envelope. A única regra é que não podem ler a carta assim que escrever, dê um tempo e entregue em um momento que ele(a) não esteja esperando.

A surpresa da carta, junto com o seu reconhecimento, será uma forma de demonstrar o quanto o seu cônjuge é importante e que você enaltece as pequenas coisas que ele(a) faz por você, estimulando para que ele(a) possa sempre repetir essas ações.

Lembre sempre que a gratidão é a memória do coração.

Ouse ser grato de verdade e você será muito mais feliz.

Eu sou grato por....

ERROS DE GRAVAÇÃO

Atitudes que vocês devem evitar para proteger o casamento do desgaste.

1. NÃO RESPEITAR AS DIFERENÇAS

Boa parte das brigas — e, consequentemente, do desgaste — acontece quando um dos dois quer exigir que o outro seja igual a ele. Isso é um engano! Nenhum de vocês vai conseguir moldar o outro à sua "imagem e semelhança" porque as diferenças de personalidade, gosto, motivação entre outras foram criadas por Deus! Elas fortalecem e completam a vida de vocês e a união como casal. Entender que as diferenças existem e respeitá-las é muito importante para que tenham um relacionamento melhor. E, com maturidade, vocês aprenderão até a admirar a singularidade um do outro.

TER FALSAS EXPECTATIVAS

Quase todo mundo chega ao altar com uma expectativa de como será o dia a dia de casado e, claro, como o cônjuge se comportará. Não há problema nenhum em sonhar. O problema está quando não percebemos que o sonho está totalmente desalinhado da vida real, e forçamos o cônjuge a ser algo que ele jamais será. Não projete o futuro do seu cônjuge em cima daquilo que você deseja para ele, mas sim em cima daquilo que Deus o criou para ser. Ajude-o a alcançar tudo aquilo que Deus planejou para a vida dele, e você terá uma história *A2* como jamais sonhou.

VOLTAR PARA O MENU

NOTAS   ✕

1. Gênesis 2:24
2. 1Coríntios 12:25
3. Romanos 11:36;
   1Coríntios 10:31
4. Provérbios 6:6-11; 12:27; 13:4; 19:24; 21:25;
   Eclesiastes 10:18
5. Provérbios 27:6
6. Mateus 5:28
7. Provérbios 6:27-29

PRÓXIMA HISTÓRIA >

MAIS ROMANCE E MENOS DRAMA

Sua vida conjugal tem andado no vermelho? Vocês sentem que, a qualquer momento, o SPC (Serviço de Proteção ao Casamento) irá mandar o nome de vocês para o rol dos devedores do amor? Vejam como equilibrar a conta-corrente do amor e deixar um belo saldo em sua história!

ASSUNTOS Romance
Paixão
Renúncia
Acordo
Diplomacia
Cotidiano

Atividade

ESCREVA A CENA

Cobranças fazem parte do relacionamento de vocês? Vocês acham que o outro tem cobrado mais do que deve, ou vocês assumem que realmente estão devendo mais do que têm recebido? O que cada um diria se, um dia, vocês se sentassem para acertar as contas?

Escrevam seus pensamentos na página seguinte utilizando os balões. Se precisarem de mais espaço para escrever, usem os adesivos de balões de pensamento encartados no livro. Vocês também podem usar as outras figuras adesivas para expressar melhor o que cada um pensa em relação ao investimento que tem feito individualmente no relacionamento.

ELEMENTOS DA TRAMA

Veja o que é importantíssimo para ter uma conta-corrente do amor equilibrada.

1. DÍVIDA
A Bíblia nos ensina que não podemos dever nada aos outros, exceto o amor.[1] Isso não é um passe-livre para destratar os outros, pelo contrário. As escrituras nos mostram que *sempre* estamos devendo amor aos outros, ou seja, que sempre é possível demostrar ao cônjuge mais amor do que já demonstramos.

2. PAIXÃO
Geralmente as pessoas pensam que a paixão tem de morrer para que o amor nasça. Mas isso não é verdade. Se o próprio Deus demonstrou seu amor pelo mundo em um episódio conhecido como "Paixão de Cristo", também somos convidados a fazer ousadas demonstrações de amor pelo nosso cônjuge.

3. RENÚNCIA
Renunciar é abrir mão de seus direitos em favor do outro. O casamento é, talvez, o melhor vínculo do mundo para se praticar a renúncia, e também o tipo de associação que mais exige isso. Deus convida todos nós, maridos e

mulheres, a imitarmos a atitude de Cristo, que renunciou a tudo o que possuía para alcançar os seres humanos e glorificar ao Deus Pai.[2]

4. COMBINADO

Já diz o ditado: "o combinado não sai caro". Muitos problemas da vida *A2* existem porque o casal não se senta para conversar e acertar como irão distribuir as tarefas e conduzir o dia a dia. Se vocês não combinarem, ambos poderão ter a impressão de que estão se doando mais do que o outro, mas pode ser que tudo não passe de um simples "achismo".

5. DIPLOMACIA

Diplomata é aquela pessoa que sabe conduzir negociações de modo a equilibrar os dois lados. Vocês precisam ser sensatos no relacionamento, expressando desejos e pensamentos de maneira que não ofenda o outro, mas que também não gere amargura. Tornamo-nos bons diplomatas quando cumprimos o segundo grande mandamento: "Ame o seu próximo como a si mesmo".[3] A medida para o amor ao outro é o amor por nós mesmos. Assim, falamos as coisas do jeito que gostaríamos que os outros nos dissessem, mas com a firmeza necessária para que não reste dúvida depois da negociação.

PLAY ▶

 Boa parte dos relacionamentos começa com uma grande paixão. Foi assim com vocês também? A paixão influencia nossos pensamentos e nossas atitudes de tal modo que até quem está de fora percebe. As pessoas ficam românticas, amáveis, atenciosas... Fazem tudo o que for necessário para conquistar quem as encantou, a fim de tê-lo para sempre ao seu lado.

 Entretanto, depois que os pombinhos se casam e começam a lidar com os desafios do matrimônio e a rotina do dia a dia, aquela paixão avassaladora dos primeiros dias vai diminuindo até quase sumir. Os casais deixam de lado o comportamento amoroso que cultivaram deliberadamente para conquistar o cônjuge e, sem que notem, se distanciam. Não rola mais nenhuma química, nenhuma atração quando se veem. Não é que não se amem mais, mas o relacionamento ficou sem sal nem açúcar.

 Nesses momentos muitos casais desistem de tudo. Acreditam que, para sentir novamente a paixão dos primeiros dias, precisam começar uma história nova, e assim mudam de parceiro sempre que a relação começa a perder a graça.

 Há casais, porém, que não querem se separar por razões como o compromisso que assumiram diante da igreja, o orgulho ou a vergonha de se divorciarem, a condição social ou financeira ou por causa dos filhos. Mas a história *A2* desses casos está bem longe de ter um final feliz.

É verdade que todo casamento foi feito por Deus para durar *#parasempre*, pois tudo o que Deus fez permanecerá eternamente.[4] Assim, a separação não é a resposta para o desgaste do relacionamento. Porém, viver junto e infeliz também não faz parte dos planos do Criador para o ser humano. Ele quer que as pessoas sejam casadas e felizes para sempre, mas tanto um (ser casado) como o outro (ser feliz) exigem determinação da parte do casal. A felicidade e o casamento duradouro não são "acidentes de percurso", e sim são alvos cuidadosamente planejados que o casal mantém em mente todos os dias enquanto escreve sua história de amor.

É MAIS OU MENOS COMO ACONTECE COM UMA VIDA FINANCEIRA BEM PLANEJADA

Ninguém é rico por acidente. Pode-se ficar rico da noite para o dia, mas para que se *permaneça* assim, é preciso mais dedicação e renúncia do que sorte. Como nenhuma riqueza aqui na terra é infinita, se o rico só efetuar um saque atrás do outro, sem fazer qualquer depósito ou investimento, o saldo vai minguando até acabar. E quando se gasta mais do que se ganha, o nome vai para o rol dos devedores.

Vocês já pararam para pensar que o casamento pode ser comparado a uma conta bancária? Vocês podem ter até ganhado na loteria com o cônjuge com o qual se casaram, mas para continuar no lucro, com um saldo sempre positivo, é preciso saber administrar essa grande bênção.

O equilíbrio deve acontecer tanto em sua conta-corrente bancária como em sua conta-corrente do amor. Avaliem: o valor de seus depósitos tem sido maior que o de seus saques — ou, pelo menos, vocês têm se esforçado para não ficar no vermelho? Vocês dedicam mais tempo ao relacionamento do que o tempo que subtraem dele para cuidar de outros assuntos (igreja, trabalho, parentes etc.)? Vocês oferecem perdão, segundo os altos padrões de Jesus[5] (leia mais no capítulo "Indestrutível"), para encontrarem perdão quando necessitam? Elogiam mais do que criticam? Agradecem mais do que cobram? Reconhecem mais do que exigem reconhecimento? Investem naquilo que faz o outro feliz mais do que reclamam de infelicidade, estresse e mau humor do outro? Carregam os fardos um do outro mais do que esperam ser ajudados, ou simplesmente ignoram o fardo que o outro tem levado? Amam mais do que exigem ser amados?

O matrimônio é um investimento de longo prazo. O objetivo final é o lucro, mas ao longo do caminho haverá momentos de baixo retorno, nenhum retorno e talvez até algum aparente prejuízo. Será preciso fazer renúncias e ter bastante paciência. Porém, mais do que em qualquer tipo de especulação financeira, o lucro no seu casamento é 100% garantido. Ele vale totalmente o sacrifício feito, e os ganhos serão colhidos por toda a eternidade.

Atividade

INTERVALO

A melhor forma de começar qualquer planejamento financeiro é calculando as entradas, as saídas e as dívidas. Na conta-corrente do amor não é diferente! Muitas vezes achamos que o cônjuge está no vermelho, nos devendo horrores. Mas se ele pensa a mesma coisa a nosso respeito, como saber quem tem razão?

O melhor a fazer, então, é perdoar as dívidas e começar uma nova conta, determinando depósitos e saques que cabem a cada um; assim ficará muito mais fácil saber o que é requerido de você (em vez de só contabilizar as dívidas do outro!).

Para isso:

Listem as tarefas cotidianas da casa e definam quem vai fazer o quê.

Anotem o que precisa acontecer diariamente entre vocês para que cada um se sinta realizado. Falta sexo? Conversa? Elogios? Ajuda nas tarefas de casa? Pensem em UM item que não pode faltar e conte à pessoa amada.

Determinem o tempo diário que vocês dedicarão um ao outro para conversarem tranquilamente sobre o dia de cada um, para namorarem, para ouvirem música, e não para resolver problemas nem ter uma DR.

Definam um tempo semanal exclusivo para

vocês ficarem a sós e fazerem o que quiserem: assistir a um filme, tomar um sorvete, sair para dançar. Decidam quem vai ficar responsável pelo quê para realizar esse momento *A2*: quem vai procurar babá para cuidar das crianças, quem vai cozinhar, quem vai comprar os ingressos do cinema etc.

Essa é a sua rotina de depósitos. Vocês verão que, de vez em quando será preciso fazer algum saque. Mas se a conta estiver equilibrada, o histórico de amor permanecerá no azul.

PARA COMEÇAR A ENGORDAR A CONTA, FAÇAM DEPÓSITOS DIÁRIOS!

Os pequenos depósitos parecem não ter muito efeito, mas são importantíssimos para resgatar a paixão dos primeiros capítulos da história de vocês, conter o desgaste do convívio e acumular pontos um com o outro. São pequenos gestos que podem ser praticados *todos os dias*, e que mostram o quanto vocês se amam e são especiais um para o outro.

Sempre é possível incluir um pouco mais de romance e atenção em seu dia a dia e engodar a conta do amor. Agindo assim, vocês manterão o saldo mais equilibrado, caso seja preciso fazer algum saque de última hora. Procurem maneiras singelas de resgatar o clima da época de namoro, a fim de criar boas reservas e dar mais vigor e à sua história *A2*.

SUGESTÕES DE DEPÓSITO DIÁRIO

- Mande à pessoa amada uma mensagem do tipo "você é muito importante para mim" no meio do dia.
- Vá para a cama na mesma hora em que seu cônjuge. Use esse momento para conversar tranquilamente com ele e ter um agradável momento *A2*.
- Caminhe de mãos dadas e no mesmo passo, assim como faziam quando namoravam.
- Abrace seu cônjuge sempre que se encontrarem.
- Diga "eu te amo" constantemente, olhando nos olhos de seu amado.
- Verifique como está o dia dele.
- Pergunte logo cedo como poderá ajudá-lo hoje.
- Diga-lhe o quanto é especial para você e para sua família.
- Dê pequenos agrados, como um bombom ou um botão de flor, sem nenhum motivo especial.

INVISTAM TAMBÉM EM CURTO PRAZO

As aplicações de curto prazo são atividades que requerem um pouco mais de empenho da sua parte, mas que, proporcionalmente, trazem mais lucro ao seu casamento. Esses investimentos irão aproximá-los mais e demonstrarão que estão comprometidos em fazer com que o casamento dure para sempre e seja muito feliz!

Investimentos de curto prazo são pequenos programas *A2* ou demonstrações de cuidado especiais que vocês podem organizar e realizar ocasionalmente, a fim de aumentarem o nível de romance e interesse no relacionamento.

SUGESTÕES DE INVESTIMENTOS DE CURTO PRAZO

- Organize uma noite romântica, providenciando alguém para tomar conta das crianças, se tiverem filhos. Vocês podem sair para jantar ou preparar um jantar à luz de velas em sua casa.
- Cultive interesses comuns. Busque atividades das quais seu cônjuge também goste e que vocês possam fazer *A2*: uma prática esportiva, um curso de idiomas, algum passatempo etc.
- Mude um velho hábito que irrita seu cônjuge e que sempre é motivo de briga entre vocês.

- Arrume aquela parte da casa ou faça aquele conserto que seu cônjuge lhe pede há tempos. Faça isso sem que ele precise pedir de novo.
- Cuide de si mesmo para o outro. Mulher, seja feminina, cuidando do visual não só quando for sair com as amigas, mas também para ficar com o marido em casa. Marido, mantenha a barba feita, as unhas limpas, o banho em dia para que sua mulher se sinta bem ao seu lado.

DIMINUAM OS SAQUES

Nem só de depósitos vive uma conta bancária, não é mesmo? Os saques são necessários e fazem parte da nossa história. No casamento, podemos pensar que saques são aqueles momentos em que vocês precisam que o outro faça um sacrifício em seu favor: perdoe uma falha, mude os planos, segure as pontas em casa, ceda tempo para você resolver coisas no trabalho, ouça uma crítica e mude de comportamento, ature seu mau humor, entre outras coisas não muito agradáveis ou difíceis.

Porém, se só sacarmos sem depositarmos nada para compensar é falência na certa! Assim, avaliem que tipos de saque vocês precisam *diminuir* para tirar sua conta do vermelho ou mantê-la ainda mais positiva.

DICAS PARA DIMINUIR OS SAQUES

- Não faça críticas usando as palavras "sempre" e "nunca". Em vez disso, diga de maneira educada o que você espera. Em vez de: "você nunca me ajuda a fazer o jantar", tente: "eu gostaria que você picasse os legumes para me ajudar".
- Não critique o jeito do outro de fazer as coisas que você pede. Se ele picou os legumes grosseiramente, agradeça e, em outra ocasião, mostre-lhe como melhorar. Mas sempre agradeça.
- Corte as palavras amargas da sua comunicação.[6]
- Abra mão de coisas em que você vem insistindo há muito tempo, mas que só causam prejuízo ao relacionamento: uma empreitada pessoal que desgasta demais a família, uma exigência sobre o cônjuge que ele é incapaz de cumprir ou um comportamento inflexível com a rotina ou a organização da casa. Essas atitudes podem levar seu casamento à falência.

FAÇAM INVESTIMENTOS DE LONGO PRAZO

Os investimentos de longo prazo lhes trarão segurança no futuro, como uma espécie de "aposentadoria do amor". Como toda aplicação de longo prazo, é preciso fazer pequenas contribuições periódicas, mesmo sem receber qualquer retorno imediato. Por outro lado, existe a certeza de que o retorno virá lá no futuro, quando vocês mais precisarem. Essa é a única forma de viverem juntos e felizes #parasempre.

Esse tipo de aplicação no casamento diz respeito às atitudes que vocês devem ter a todo instante um com o outro, custe o que custar. São princípios de Deus que não podem faltar na relação para que a história *A2* dure para sempre.

SUGESTÕES DE INVESTIMENTOS DE LONGO PRAZO

- Mulher, respeite seu marido (leia mais no capítulo "Só para elas").
- Marido, ame incondicionalmente sua mulher (leia mais no capítulo "Manual do marido segundo a vontade de Deus").
- Repreendam e rejeitem qualquer pensamento de traição ou divórcio que passar pela mente de vocês (leiam mais no capítulo "À prova do tempo").
- Definam um objetivo de vida em comum e se esforcem por alcançá-lo (leiam mais no capítulo "Um sonho para chamar de nosso").
- Coloquem Deus como elo principal do seu casamento (leiam mais no capítulo "Felizes #paraaeternidade").

Atividade

| **REESCREVA O EPISÓDIO** |

Das quatro atitudes que lhes apresentamos — depósitos diários, redução de saques e investimentos de curto e longo prazo — o que cada um de vocês acha mais difícil de fazer?

Marido: _____

Mulher: _____

Dessas atitudes, qual delas você gostaria que seu cônjuge se empenhasse mais em fazer?

Marido: _____

Mulher: _____

Atividade

Lembram-se da cena de abertura deste capítulo? Lá no começo, vocês escreveram o que achavam quanto às dívidas de amor de sua história *A2*. Agora, vocês irão reescrever a cena na próxima página. Contem o que cada um de vocês resolveu fazer enquanto liam este capítulo, a fim de manterem a conta-corrente do amor com saldo positivo. **Que depósitos cada um se esforçará para fazer em nome do equilíbrio do relacionamento?**

ERROS DE GRAVAÇÃO

Atitudes que todo casal deve evitar para não ir à falência.

ACHAR QUE O ROMANCE NÃO É NECESSÁRIO

O fim do romance é o fim de qualquer história de amor. Se o romance foi necessário para o começo do relacionamento, lá atrás, no namoro, por que esperar que ele não seja necessário para a manutenção diária da relação? Nenhum casamento "passa da fase" do romance. Ele é personagem obrigatória em toda história A2.

ACHAR QUE NÃO DEVE NADA

O pior devedor é aquele que não reconhece que está devendo. Todos nós estamos em dívida um para com o outro, porque ninguém é perfeito e capaz de amar sem esperar nada em troca. Quem acha que não

VOLTAR PARA O MENU

deve nada, começa a explorar a relação e criar um rombo tão grande na conta-corrente do amor que pode levar o cônjuge simplesmente a querer encerrar a conta e procurar outro banco.

ACHAR QUE É TARDE DEMAIS

Se vocês se deram conta de que a situação da sua conta-corrente do amor está pior do que imaginavam, saibam que a falência não é obrigatória. Vocês podem mudar esse quadro com duas coisas: dedicação e oração. Dediquem-se a ser cônjuges melhores e a perdoar o outro, e também a buscar a ajuda de outras pessoas que tenham os mesmos princípios de vida de vocês. E contem, em oração, com o poder sobrenatural de Deus para restaurar todo e qualquer casamento falido.

NOTAS

1. Romanos 13:8
2. Filipenses 2:1-11
3. Mateus 22:39
4. Eclesiastes 3:14
5. Mateus 18:21-35
6. Provérbios 16:24

PRÓXIMA HISTÓRIA > PARA MAIORES DE 18

UMA
NOVA HISTÓRIA
DE AM♥R

INÍCIO   **HISTÓRIAS**   REGISTROS

PARA MAIORES DE 18

Uma vida sexual saudável

Você está aqui:
HISTÓRIAS > MAIS ROMANCE E MENOS DRAMA > **PARA MAIORES DE 18**

MAIS ROMANCE E MENOS DRAMA

A simples menção da palavra sexo já é suficiente para provocar sorrisinhos de canto de boca, cutucões e, talvez, algum desconforto. Sem dúvida, o assunto interessa quase todo mundo. Mas será que todos estão igualmente empenhados à prática sexual com amor?

ASSUNTOS Sexo
Prazer
Vergonha
Liberdade sexual
Intimidade
Dignidade

Atividade

ESCREVA A CENA

Final do dia. Tudo em ordem na casa, crianças dormindo profundamente na cama. Você e seu cônjuge estão sozinhos no quarto. Sobre o que irão falar? O que irão fazer? O romance está no ar ou será que vocês o esqueceram lá na lua de mel?

Sobre o que você e seu amor conversam quando estão na cama? Escrevam na página a seguir o diálogo que vocês normalmente têm quando se deitam. Se precisarem de mais espaço para escrever, usem os adesivos de balões de fala, encartados no livro. Vocês também podem usar as outras figuras adesivas para expressar melhor seus sentimentos nesse momento íntimo *A2*.

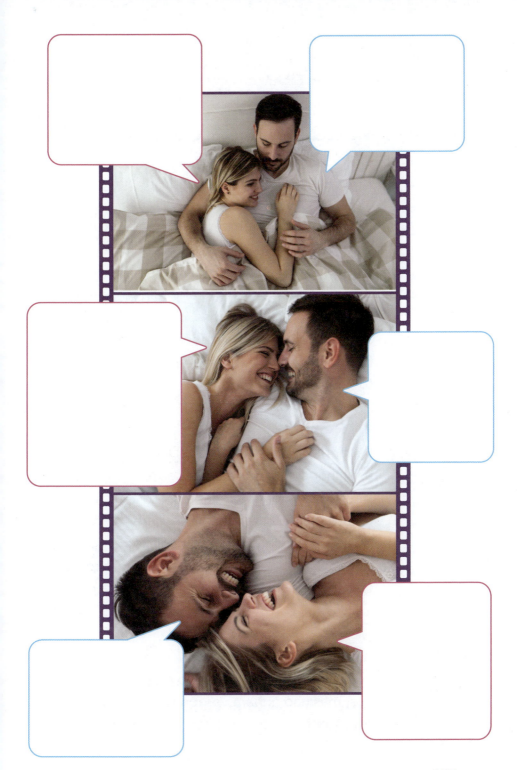

ELEMENTOS DA TRAMA

O bê-a-bá para vocês (re)iniciarem o romance com amor.

1. SEXO
O sexo é um presente de Deus para o casamento. O Senhor não apenas criou o sexo como o avaliou como "muito bom",[1] e considerou sua prática como algo digno de honra.[2] Com tantas distinções, o sexo não pode ser tratado e nem praticado de qualquer forma, mas apenas da maneira que honre o Criador e seu cônjuge.

2. PRAZER
Sentir prazer não é pecado. Deus fez homem e mulher com áreas específicas em seu corpo para proporcionar e receber prazer. O casamento prevê prazer sexual,[3] e vários textos bíblicos ressaltam a beleza do sexo na vida do casal, como é o caso do belíssimo livro de Cântico dos Cânticos, que louva o amor conjugal e sua concretização no ato sexual.

3. VERGONHA
A Bíblia nos conta que Adão e Eva viviam nus, mas não tinham vergonha um do outro.[4] A vergonha entrou na história junto com o

pecado,[5] quando a malícia, a crítica, a comparação e todos os outros males entraram em cena. Assim, vergonha está ligada ao pecado, sejam pecados que vocês mesmos cometeram, sejam pecados que foram cometidos contra vocês. Para viver um romance *A2* livre da vergonha, é preciso confessar e abandonar pecados que vocês praticaram, e perdoar pessoas que pecaram contra vocês.

4. LIBERDADE SEXUAL

Deus planejou o sexo para acontecer somente num ambiente protegido emocional, física e espiritualmente, e selado por uma aliança de compromisso e lealdade. Esse ambiente é o casamento. Assim, qualquer prática sexual fora da aliança do casamento (seja a pessoa casada, seja solteira) é pecaminosa e destrutiva. Dentro do casamento, por sua vez, homem e mulher têm liberdade para se expressar sexualmente, certos de que não há pecado em usar adereços que intensifiquem o momento *A2*, como óleos de massagem, roupas íntimas, músicas, velas, géis de estímulo, lubrificantes íntimos etc. No entanto, quando se fala de liberdade, sabemos que mesmo a liberdade sexual acaba no momento em que se torna uma ofensa para Deus ou para seu cônjuge. Tudo é permitido, mas nem tudo convém.[6]

 > PARA MAIORES DE 18

PLAY ▶

Você e seu amor conversam sobre sexo? Vocês sabem quais são as preferências sexuais um do outro? Vocês sabem o que desanima seu cônjuge na cama?

Ou vocês nunca conversaram sobre isso?

Se este 👆 é o caso de vocês, não fiquem espantados. Mesmo sendo muito importante para todos os casais, a vida sexual ainda não é discutida de forma adequada em nossa sociedade. Boa parte da instrução sexual ministrada dentro das igrejas não se faz de maneira clara e aberta. E fora do ambiente cristão, há conceitos duvidosos a respeito da liberdade sexual.

Talvez seja por isso que existam tantos casamentos com problemas nessa área. Como os casais não param para conversar sobre isso, uma brecha enorme fica exposta na relação. Dormem na mesma cama e até praticam sexo, mas não conhecem o assunto — nem o corpo e os desejos do outro — profundamente.

Para ter intimidade real é preciso conversar sobre isso tanto quanto praticar. Enquanto o sexo for um tabu em seu relacionamento, a insatisfação só tenderá a crescer.

A conversa, no entanto, é só o primeiro passo.

Também é bom que cada um faça uma autoanálise sobre estes itens:

- **Você gosta de sexo?**
- **Quais são suas expectativas em relação à sua vida sexual?**
- **Você está satisfeito quanto à qualidade e à frequência do sexo em seu casamento?**
- **Existe algo que o incomoda na prática sexual?**
- **Você tem exigido muito de seu parceiro? Ou tem dado pouca atenção a ele?**

Conversar é fundamental para se conhecer e se entender em todas as áreas de uma relação. Por isso, neste capítulo vocês terão a oportunidade de passar a limpo sua vida sexual e recomeçar com o mesmo amor.

Atividade

INTERVALO ||

Não espere que seu cônjuge saiba tudo a seu respeito, mesmo que você já tenha dado várias dicas. Se vocês não se sentam e iniciam uma conversa, não se conhecerão o suficiente.

Chegou a hora de desenrolar esse episódio. Nas próximas páginas, trazemos sete perguntas cruciais para avaliar e redirecionar sua vida sexual.

Antes de começar, prestem atenção a estas recomendações:

- Não esqueçam que a intenção desta atividade é construir intimidade e levá-los a se aproximarem, a fim de que tenham mais prazer. Assim, não caia na tentação de usar esse momento para apontar defeitos e trocarem acusações. A ocasião é para se conhecer e propor soluções.
- Abram seu coração, pois vocês só poderão ouvir aquilo que quiserem escutar. Só melhoramos quando somos confrontados.
- Conversem em um local seguro. Este não é assunto para ser discutido em uma festa da família ou na fila do banco. Reservem um local e um momento agradável para conversarem sobre isso, em que ambos estejam felizes e abertos, um mínimo que seja, a falar sobre o assunto.
- Evitem também se fazerem estas perguntas durante ou logo após a relação sexual. Este não é o momento adequado para isso.

Prontos? Vamos às perguntas! Embaixo de cada uma delas, vocês encontrarão um breve comentário nosso para ajudá-los a compreender e responder melhor as questões.

PERGUNTE AO SEU CÔNJUGE:

1. De que você mais gosta na nossa vida sexual?

Deixe a timidez de lado! Conte ao outro o que ele faz que deixa você empolgado e no clima para o sexo.

2. O que você não gosta e não quer mais que seja feito na cama?

Tem gente que passa a vida inteira fazendo algo de que não gosta só porque acha que o outro irá gostar. Lembrem-se, porém, de que nem tudo é excitante, por mais que a mídia insista em dizer que é! Toques, palavras ou movimentos que incomodam seu parceiro na hora do sexo devem ser excluídos desse momento prazeroso.

3. O que você desejaria que fosse diferente no nosso jeito de fazer amor? Que expectativas suas eu ainda não atendi?

Provavelmente seu amor não percebe o sexo da mesma forma que você. Talvez o que o deixe no clima não tenha necessariamente a ver com o que vocês dois fazem na cama, mas sim com sua maneira de tratá-lo ao longo do dia.

4. O que eu faço ao longo do dia que deixa você desanimado para fazer sexo comigo?

Geralmente fazemos coisas que achamos supernaturais, mas que desestimulam nosso cônjuge. Algumas coisas podem ser simples, como o homem que solta pum na cama, ou a mulher que vai dormir com touca no cabelo. Isso faz qualquer um broxar. Por outro lado, alguns comportamentos ao longo do dia, aparentemente nada relacionados ao sexo, podem deixar seu parceiro sem a mínima vontade de fazer amor com você mais tarde. São coisas como um cônjuge que tem preguiça em ajudar nos afazeres ou um parceiro que só reclama do que o outro fez ou deixou de fazer. Reconheça quais são as atitudes que levam seu cônjuge a querer distância de você.

5. Qual é sua maior insegurança ou seu maior medo em relação à vida sexual? Existe algo em sua história que o impeça de fazer amor ou até mesmo de gostar de sexo?

Muitas pessoas sofrem algumas frustrações amorosas na vida e levam isso para a cama. Outras, por sua vez, passaram por situações traumáticas que as impedem de se entregar inteiramente. É preciso se libertar desses medos para viver plenamente o amor.

6. Com que frequência você gostaria de fazer sexo?

Não tem resposta certa. O importante é vocês chegarem a um acordo em que definam qual é a prioridade do sexo na vida de vocês. Isso é importante para que outras atividades — trabalho, cuidado com os filhos, compromissos na igreja etc. — não roubem esse tempo em que vocês decidiram estar juntos.

7. De 0 a 10, quanto você está satisfeito com a nossa vida sexual?

Por mais que seja difícil perguntar e responder a essa questão, ela é supernecessária, pois apresenta um norte para conduzir o relacionamento de vocês a um patamar ainda melhor.

Caso a nota que seu cônjuge, ou você mesmo, tenha dado a essa pergunta seja muito baixa, vocês têm, sim, um problema. É preciso fechar essa brecha no relacionamento urgentemente. A insatisfação sexual pode levar a muitos problemas, a traição é apenas um deles. O diabo está ao derredor, esperando uma oportunidade para tentá-los e destruir o casamento. Assim, avaliem quais são as causas que os deixam insatisfeitos com o sexo e procurem resolver a questão com diligência. Se for necessário, não hesitem em procurar ajuda especializada.

Conversados? Se sim, então podemos seguir tratando desse assunto tão importante na construção de sua história *A2*. Se o sexo foi algo que Deus criou para a alegria do casal, não há razão para terem medo ou vergonha de falar do assunto, e nem de praticar! Sexo é, sim, algo espiritual. Ele reflete a bondade amorosa de Deus, que deseja que o ser humano experimente prazer em tudo o que o Criador fez. Assim, se vocês não sentem prazer nem vontade de fazer sexo, não estão usufruindo do que Deus preparou para o matrimônio.

O problema pode estar em como veem, ou foram ensinados a ver, o sexo. Muita gente se engana, pensando que Deus é contra o sexo, e que isso é uma das coisas que está sob o domínio do diabo. Esse pensamento talvez venha do fato de que tudo o que vocês ouviram e ainda ouvem sobre o assunto seja apresentado de forma pervertida e lasciva, veiculado pela mídia ou por comentários maldosos de pessoas que não entendem os preceitos de Deus para a vida e para o sexo.

Deus estabeleceu padrões bíblicos para todas as áreas da vida; portanto, também há princípios divinos que regulamentam a prática do sexo.

1. O SEXO DEVE EXALTAR A DIGNIDADE DO SEU CÔNJUGE

Homem e mulher foram criados com diversos atributos morais, conferidos pessoalmente a cada um pelo seu Criador. Um desses atributos é a dignidade, que é consequência de sermos imagem e semelhança de Deus. Assim, o Senhor se opõe a qualquer prática que fira a dignidade de suas criaturas.

Sua forma pessoal de fazer sexo está exaltando ou ferindo a dignidade de seu cônjuge?

Uma maneira de *destruir* a dignidade do parceiro é tratando-o como objeto sexual, vendo-o apenas como um meio de obter prazer, sem sentir a obrigação de lhe satisfazer sexualmente também. Isso é uma ofensa ao seu cônjuge e também a Deus. O sexo foi dado pelo Senhor para a satisfação do casal, e não só do marido ou só da mulher. Assim, tomem cuidado para que o jeito, o local, o horário e outros detalhes do sexo contribuam para que ambos atinjam o êxtase.

2. O SEXO SE DESTINA A UM HOMEM E A UMA MULHER

Por determinação de Deus, o casamento se destina a um homem e a uma mulher. Foi assim o primeiro casamento,[7] antes de haver pecado no mundo, é assim que se retrata o relacionamento de Cristo com a Igreja, sua noiva,[8] e é assim que devem ser todos os demais matrimônios, em qualquer cultura e época. A prática sexual não é como a moda, que segue tendências ou fica ultrapassada. O ato sexual entre pessoas do mesmo sexo ou entre diversas pessoas simultaneamente são ofensas ao Criador do sexo.[9]

O pecado criou várias aberrações do plano original de Deus para o sexo. Uma dessas deturpações é a pornografia, que tem disseminado anomalias como sexo homossexual, em grupo, com animais, entre outras. Infelizmente, a pornografia é tão banalizada na sociedade a ponto de muitos pensarem que ela é inofensiva. Mas não é assim. A pornografia é muito mais prejudicial do que se imagina.

A pornografia cria uma ilusão de prazer que só pode ser conseguido fora das atividades sexuais normais (um homem e uma mulher). Ela estimula o adepto à prática obscena a buscar satisfação sexual em relações cada vez mais estranhas, degradantes e deturpadas. Por outro lado, ele raramente alcança o nível de prazer apresentado pela obscenidade, que é um prazer ilusório. Assim, essa pessoa tem de se voltar novamente à pornografia para encontrar satisfação.

Trata-se de uma droga, que aprisiona seu consumidor e exige um consumo cada vez maior em troca de um prazer cada vez menor. É um ciclo vicioso no qual alguém se torna cada vez mais refém de algo que o satisfaz cada vez menos.

A pornografia não pode ser consumida com moderação. Como qualquer pecado, ela é só é segura quando está bem longe da sua vida, como a Bíblia ensina.[10] Se, no entanto, algum de vocês enfrenta problemas nessa área, saiba que há solução. Confira nossas dicas nos vídeos sobre o assunto de nosso canal do YouTube, TvA2 e busque também a ajuda de líderes espirituais capazes ou de pessoas especializadas.

3. O SEXO DEVE ACONTECER SOMENTE NO CASAMENTO

O sexo é a relação mais íntima que um homem ou uma mulher podem experimentar. Nem mesmo a relação de mãe e filho na gravidez é tão íntima quanto de marido e mulher no sexo. Isso acontece porque a relação sexual tem uma dimensão emocional e espiritual, além de física. Assim, ele precisa de um ambiente de segurança, protegido por um compromisso, para acontecer. Esse ambiente é o matrimônio. Nele, o casal assume um compromisso público de pertencer exclusivamente ao cônjuge. Dentro dessa proteção o sexo está liberado!

Qualquer outra forma de praticá-lo — sexo casual, amizade colorida, troca de casais, prostituição, orgia, poligamia — está excluída da Bíblia e deixará marcas infelizes na sua vida.

4. O SEXO DEVE SER FEITO COM PAIXÃO E SENTIMENTO

Muita gente torce o nariz para esse princípio de que o sexo deve ser praticado no casamento porque acha que isso é sinônimo de uma relação "papai-mamãe" totalmente sem graça. Infelizmente, muitos casais tratam a relação sexual exatamente dessa forma. Vão para a cama mecanicamente, como se essa fosse mais uma tarefa a ser cumprida.

Não existe nada que aponte o fracasso de um casamento como a ausência de interesse na vida sexual emocionante. Às vezes, porém, tudo o que falta é um pouco mais de romance.

Fazer amor é mais parecido com fazer música do que com resolver uma equação matemática. O relacionamento sexual precisa de paixão e emoção. Sem romance, o sexo será frustrante, mecânico e entediante. Totalmente o contrário do que o Criador planejou.

Assim, para ter mais romance na sua vida sexual, é preciso atenção aos detalhes. Caprichem nas preliminares: preparem um jantar romântico, comprem flores, tenham uma conversa agradável, saiam para dançar... Sejam intencionais, não esperem só o clima "surgir". Criem situações que conduzam a esse momento especial e tornem a hora H um momento romântico, agradável e inesquecível.

5. O SEXO DEVE ACONTECER SEM QUE HAJA VERGONHA

Todo o romance do mundo não será capaz de conquistar uma mente que sinta vergonha do parceiro. Se um de vocês ainda não se entregou totalmente, se ainda há alguma barreira na sua intimidade, isso precisa ser resolvido e excluído da vida conjugal.

As pessoas se casam devido a um profundo desejo de terem um relacionamento íntimo com alguém em quem possam confiar. Ser íntimo é se sentir plenamente à vontade com o outro, sem qualquer vergonha, em todas as áreas da vida: emocional, intelectual, social, espiritual e, claro, sexual.

O ingrediente primordial da intimidade é permitir que seu amor seja ele mesmo. Por isso, a intimidade sexual envolve mais que o ato sexual em si. Na cama, o objetivo do casal não é apenas fazer sexo, mas experimentar proximidade e atingir um senso de satisfação *mútua*. Dessa forma, o egoísmo é o maior empecilho para qualquer intimidade, inclusive na área sexual. Se o foco é apenas em um, perde-se a intimidade que poderia melhorar, em muito, a relação sexual.

6. SEU CÔNJUGE DEVE SER SEU SÍMBOLO SEXUAL

Deus não criou as pessoas para serem ideais de beleza ou, menos ainda, símbolos sexuais. Quando ele criou Adão para Eva, e Eva para Adão, sua intenção era que ambos se correspondessem e se completassem. Essa deve ser a intenção de vocês também.

Cada geração exalta determinados traços de aparência e tipos físicos como ideal de beleza e atratividade, e infelizmente muitas pessoas ficam presas a isso.

Algumas tentam, a todo custo, se parecer com pessoas que são até irreais, de tanto que foram maquiadas e retocadas em programas de edição de imagem. Outras se sentem frustradas porque seu parceiro não chega nem perto daquele símbolo sexual que está bombando na mídia e nas redes sociais. Entendam, saber amar e apreciar o cônjuge da maneira que o Senhor o fez é o diferencial para vocês terem um sexo saudável por longos anos — até o fim de sua história, quando ambos estiverem bem velhinhos.

FIM

Atividade

ESCREVENDO SUA HISTÓRIA

Hora de praticar o que vocês aprenderam, ou seja, a melhor parte da tarefa! Como vocês já sabem, sexo não é algo que se faz com um manual do lado. Existe sim o jeito certo de fazer, mas vocês só irão melhorar fazendo!

Definam agora quando vocês terão um momento A2 nesta semana. Preparem-se para esta ocasião e criem boas expectativas de como fazer desta noite (ou dia, ou tarde) um momento inesquecível em sua história de amor.

Recomendamos

PORQUE VOCÊS ASSISTIRAM A PARA MAIORES DE 18

Para se aprofundarem mais neste assunto da sexualidade do casal, deixamos aqui algumas sugestões de vídeos do nosso canal no YouTube, a TvA2, para vocês assistirem juntos e praticar (oba!) posteriormente.

▶ **O MITO DO PRAZER NO CASAMENTO**

O casamento é lugar de sexo e prazer, ou de responsabilidades e assuntos familiares? Neste vídeo você aprenderá que o prazer sexual foi um dos propósitos de Deus para o relacionamento conjugal.

▶ **COMO TER 12 HORAS DE SEXO NO SEU CASAMENTO**

Eita que essa maratona é melhor que Netflix! Acha que não dá conta? É só se ligar nas dicas que damos e ir praticar!

▶ **O PODER DAS PRELIMINARES NO SEXO**

As preliminares podem mudar tudo na sua vida sexual. Não tem por que viver em "modo automático" se sua relação pode ser empolgante de verdade! Confira aqui algumas dicas de como colocar isso em prática HOJE.

▶ COMO APIMENTAR O SEU RELACIONAMENTO

A insatisfação sexual é uma das maiores frustrações de um casal e coopera para o desequilíbrio, infelicidade e até fim do relacionamento. Neste vídeo, nós lhe mostramos indicações de como ter uma relação sexual ainda melhor no seu casamento.

▶ O QUE PODE E O QUE NÃO PODE

Já ouviu dizer que, entre quatro paredes, vale tudo? Pois é, não é bem assim. Existem práticas sexuais nocivas, degradantes e destruidoras, as quais vocês dois vão querer manter bem longe de sua cama. Neste vídeo, explicamos o porquê.

▶ SEXO, PRESENTE DE DEUS

Deus não apenas criou o sexo, como também o considerou muito bom. Muita gente se engana achando que a sexualidade não tem nada de espiritual. Talvez seja por isso que sexo é algo de que pouco se fala, e menos ainda se pratica. Veja aqui verdades bíblicas a respeito desse presente de Deus para sua vida conjugal.

ERROS DE GRAVAÇÃO

Conheça os grandes vilões da história de romance de qualquer casal.

CONSIDERAR-SE CANSADO OU PREOCUPADO DEMAIS PARA FAZER SEXO

Na maratona diária da história de um casal, há momentos em que falta tempo ou ânimo para o sexo. Com jornadas de trabalho cada vez mais intensas, filhos para cuidar e contas para pagar, os casais têm deixado o sexo em segundo plano, imaginando que a ausência de uma vida sexual e romântica não irá atrapalhar em nada a relação. Isso é um grande engano! A falta de sexo abre inúmeras portas para tentações e armadilhas do diabo contra seu casamento.[11]

VOLTAR PARA O MENU

"PROFANAR" A CAMA

A cama é o "altar" do casal. Trata-se de um lugar de amor, harmonia e cumplicidade. Em seu leito, o casal encontra um momento reservado para ter conversas tranquilas, rir e chorar juntos. Muita gente, no entanto, "profana" a cama, usando-a para discutir problemas da família, de trabalho ou de amigos. Agindo assim, eles afastam a possibilidade do sexo porque usam a cama para tratar de assuntos que pertencem a outro local e a outro momento.

NOTAS

1. Gênesis 1:31
2. Hebreus 13:4
3. **Responsabilidade do homem:** Deuteronômio 24:5; **Da mulher:** Provérbios 5:19; **De um para com o outro:** 1Coríntios 7:4-5
4. Gênesis 2:25
5. Gênesis 3:7-11
6. 1Coríntios 6:12; 10:23
7. Gênesis 2:24
8. Efésios 5:25
9. **Sobre homossexualidade:** 1Coríntios 6:9-11; **Sobre orgia:** Romanos 13:13; Gálatas 5:19-21; 1Pedro 4:1-6
10. 1Tessalonicenses 5:22
11. 1Coríntios 7:5

PRÓXIMA HISTÓRIA > COMUNICANDO AMOR

Você está aqui:
HISTÓRIAS > CHEGA DE SUSPENSE > COMUNICANDO AMOR

CHEGA DE SUSPENSE

Não existe uma boa história de amor sem comunicação, não é verdade? Acreditamos que vocês já sabem disso, e sabem também o quanto a comunicação é essencial para o casamento. E por que ainda tropeçamos nesta área? Vejamos algumas dicas para vocês se tornarem excelentes comunicadores do amor.

ASSUNTOS   Comunicação
Palavras
Diálogo
Linguagens
Coração
Comunhão

Atividade

ESCREVA A CENA

Você e seu amor sabem ter uma boa conversa? Sabem bater papo como dois amigos numa cafeteria e conseguem resolver conflitos como pessoas sensatas? Ou será que cada diálogo se parece mais com um duelo do *Street Fighter*, no qual cada um vem com as melhores armas e golpes para trucidar o oponente?

Sobre o que vocês conversam quando se encontram ao fim do dia ou pela manhã? Como é o diálogo de vocês? Existe um diálogo? Escrevam na página a seguir como é normalmente a interação de vocês em uma conversa do dia a dia. Se precisarem de mais espaço para escrever, usem os adesivos de balões de fala encartados no livro. Vocês também podem usar as outras figuras adesivas para expressar melhor seus sentimentos durante o diálogo entre vocês.

ELEMENTOS DA TRAMA

O que vocês não podem deixar de fora para fazer a comunicação fluir na sua história *A2*.

1. COMUNICAÇÃO
O primeiro comunicador da história foi Deus. Ele é o inventor da comunicação, que tem por objetivo não somente a troca de informações, mas, principalmente, a comunhão com quem você está se comunicando. Ao usarmos as palavras para ferir o outro, estamos nos desviando do propósito original de Deus para a comunicação.

2. PALAVRAS
Desde o início do mundo, Deus já nos mostra a importância e o poder das palavras ao criar tudo que existe no mundo por meio delas.[1] Assim, a matéria-prima deste mundo (incluindo seu casamento) é a Palavra. Por isso, as palavras ditas, bem como as palavras ouvidas, têm um grande peso e exercem muita influência em nossa vida.

3. DIÁLOGO

Homem e mulher foram criados pelo mesmo Deus comunicador. Assim, ambos precisam se relacionar por meio do diálogo — e não apenas as mulheres. Diálogo é vital para o relacionamento. Os casais precisam ter um ambiente seguro para externar ideias, opiniões e sentimentos um para o outro, tanto os favoráveis como os desfavoráveis.

4. LINGUAGENS

A linguagem é o jeito como nos comunicamos. Vocês podem se comunicar entre si apenas com o olhar, com seu tom de voz, com um presente, com um toque. Para que sua comunicação tenha sucesso, é muito importante usar uma linguagem que seu cônjuge compreenda.

5. CORAÇÃO

Existe uma ligação direta entre a boca e o coração. A boca fala daquilo que seu coração está cheio.[2] Seu coração influencia as palavras que saem da sua boca e, da mesma forma, as palavras que dizem afetam seu coração. Para uma comunicação saudável e construtiva, vocês precisam tomar cuidado com os tipos de sentimentos e pensamentos que têm abrigados no coração.

 > COMUNICANDO AMOR

PLAY ▶

Temos certeza de que vocês sabem que o diálogo é fundamental para o casamento. Todo mundo sabe disso. Centenas de livros já foram escritos sobre o assunto. Em todas as palestras e encontros para casais, o tema "comunicação" sempre aparece. Ela é essencial; e sem comunicação, o relacionamento morre.

Então, por que a comunicação ainda é um problema dentro de muitos casamentos?

Falar é uma das coisas mais naturais para o ser humano, tanto quanto andar e comer. Falar é muito mais fácil e intuitivo do que dirigir um carro ou usar um *smartphone*. É claro que os pais ensinam os filhos a falar, mas quantas vezes vocês depararam com crianças dizendo coisas que ninguém ensinou? Isso acontece porque se comunicar está dentro de nós, desenvolvemos essa habilidade por conta própria.

Assim, o problema não está no fato de que os casais não sabem conversar. Salvo raras exceções, todo mundo faz isso.

O PROBLEMA É QUANDO ELES NÃO SABEM O MOTIVO DE SE COMUNICAREM

Muita gente acha que o objetivo do diálogo é trocar informações — a maioria dos maridos pensa assim.

Eles entendem que devem conversar apenas para transmitir dados e fatos para a esposa. Vejam se esta cena já aconteceu na cozinha da sua casa:

— Boa noite, amor, como foi o dia no trabalho? — a mulher pergunta.

— Foi tudo bem — o marido responde.

Silêncio. Fim de papo.

Ou então esta aqui:

— Amor, está tudo bem? — o marido pergunta para a esposa, que está visivelmente emburrada.

— Sim.

Silêncio. Fim de papo.

A comunicação aconteceu nas duas cenas?

Talvez vocês digam que sim. Mas, na verdade, não aconteceu nada.

Vejam, o objetivo da comunicação não é somente transmitir informações, mas *ter comunhão*. Escrevemos nossa história de amor mais com comunhão do que com informação. Ao perguntar ao marido como foi seu dia, a mulher não quer apenas saber se aconteceu algo fora da rotina. Ela quer se ligar ao marido por meio de palavras e participar do dia dele, por mais monótono que tenha sido. Ao perguntar à esposa se está tudo bem, mesmo com a cara de emburrada, o marido não está sendo sarcástico. Ele não tem bola de cristal para ver o que ela está sentindo ou pensando, e a única forma de ele saber é se ela se expressar por meio de palavras.

O OBJETIVO DA COMUNICAÇÃO É A COMUNHÃO

Pensemos na oração, nosso meio de comunicação com Deus. Diferentemente do cônjuge, o Senhor sabe exatamente como foi o nosso dia de trabalho ou o que está dentro do nosso coração quando ficamos chateados. Se é assim, por que orar? Deus não precisa receber informações a respeito da nossa vida para planejar como irá intervir em determinadas situações. Ele já sabe de tudo, antes mesmo de dizermos uma única palavra.[3] Mas oramos mesmo assim porque, acima de tudo, desejamos ter comunhão com ele. Queremos que ele nos ouça, queremos estar em sua companhia. Tudo isso acontece quando oramos.

O próprio Deus utiliza a comunicação para ter comunhão, e ele já fazia isso antes de criar o homem. Com quem o Senhor mantinha essa comunhão? Consigo mesmo. A Bíblia ensina que Deus é trino, ou seja, que há um só Deus, mas que ele se revela em três Pessoas: Pai, Filho e Espírito. Essas três Pessoas se comunicam, têm comunhão entre si o tempo todo, e fazem isso apesar de um já saber o que o outro sabe, já sentir o que o outro sente e até mesmo de já ser o que o outro é.

A Trindade conversou consigo mesma na Criação, quando disse "*Façamos* o homem à nossa imagem".[4] Jesus, que é o Filho encarnado, conversava com o Pai o tempo todo enquanto estava na terra,[5] assim como o Pai conversa com o Filho.[6] Da mesma forma, o Espírito Santo e Jesus Cristo conversam com o Pai a nosso respeito.[7]

Pensem: se as diferentes Pessoas da Trindade escolhem ter comunhão por meio da comunicação, o que se dirá de nós, que somos casados com pessoas que amamos, mas que são tão diferentes uma da outra?

NÃO HÁ UMA BELA HISTÓRIA DE AMOR SEM COMUNICAÇÃO PORQUE, SEM ELA, NÃO HÁ COMUNHÃO

Duas pessoas não podem caminhar juntas se não estiverem de comum acordo,[8] mas elas só podem chegar a este acordo se houver uma conversa boa e saudável.

Talvez as mulheres percebam a importância da comunicação com mais facilidade que os homens. Foi a maneira como Deus as fez. Não é novidade para ninguém que as mulheres falam mais que os homens, e gostam de falar mais do que eles. Que homem já conseguiu acompanhar o diálogo de duas amigas que não se veem faz tempo? (Marido, se você passou por isso e sobreviveu para contar a história, eu, Darrell, considero você um herói!)

Ao falar, a mulher estabelece uma conexão com quem ela está conversando. Às vezes basta um único encontro para que duas mulheres que não se conhecem se tornem boas amigas. Como fazem isso? Criando comunhão enquanto conversam. Assim, marido, quando sua mulher lhe pergunta como foi seu dia, ela não quer saber somente de fatos. Ela quer ter comunhão com você.

Muitas vezes os casais caem no erro de achar que não precisam conversar porque já passam a maior parte do tempo juntos, e não têm nada para falar que o outro já não saiba. Agir dessa maneira, porém, é ter uma compreensão errada do objetivo da comunicação. Vocês podem fazer tudo em conjunto o dia inteiro, mas se, mesmo assim, não conversarem, não terão comunhão um com o outro. Sem comunhão, não há parceria. Sem comunicação, não há história feliz.

Atividade

INTERVALO ||

A comunicação é fundamental para seu relacionamento, mas é uma pena que, embora as pessoas certamente saibam disso, não tenham um tempo dedicado a ela. É curioso e triste como encontramos tanto tempo para coisas urgentes e também coisas desnecessárias, mas dedicamos pouco tempo ao que realmente importa!

Reservem um tempo para o relacionamento, um tempo para estarem juntos, partilharem a vida, conviverem. Um período só para vocês dois, sem amigos, TV, filhos, celular, WhatsApp ou qualquer coisa que possa distraí-los da comunhão um com o outro.

Chamamos esse momento de *tempo de amar*. Não importa se vocês terão esse tempo todos os dias, uma vez por semana ou por mês. O importante é que seja um momento para conversar da maneira mais franca possível, para dar e receber carinho sem interrupções, e para falar de esperanças, planos, preocupações, medos e coisas que esperamos.

Para um excelente *tempo de amar,* três coisas não podem faltar:

- **Planejar – marquem um dia fixo para isso acontecer. Quando vocês farão seu próximo *tempo de amar*? Agora?**

Sábado que vem? Anotem no celular para não esquecerem.
- Priorizar – não adianta só marcar, é preciso que esse tempo se torne prioridade em sua agenda. Nada que surgir de última hora deve ser mais importante que esse momento *A2*.
- Proteger – se esse é um tempo só de vocês, não tem como o filho entrar no meio, nem como a sogra participar. Proteja o **tempo de amar** de interferências, mesmo que sejam virtuais, como as notificações do seu celular.

Temos certeza de que esse momento lhes dará material sólido para escreverem uma história de amor e comunhão duradouras.

Agora que vocês já conhecem o objetivo de Deus para a comunicação — a comunhão entre as pessoas que estão conversando — vejamos alguns princípios que o Senhor nos deu para praticamos a comunicação e começarmos um novo capítulo de comunicação em nossa história *A2*. Os preceitos que apresentamos a seguir foram extraídos de Tiago 1:19-20.

PRINCÍPIO 1: ESTEJAM PRONTOS PARA OUVIR

O ser humano necessita falar sobre si mesmo, seus pensamentos e seus sentimentos (Marcia que o diga!). Porém, vivemos em um mundo altamente agitado, com uma série de coisas que nos atraem ou que requerem nossa atenção a todo instante e ao mesmo tempo. É uma tarefa monstruosa fixar os olhos somente em uma única pessoa falando. Na maioria das vezes, acabamos dividindo nossa atenção entre o cônjuge e o celular (ou a TV, ou o computador, ou o videogame etc.).

O que Deus nos ensina, porém, é que devemos ser todo ouvidos. Quando seu cônjuge quiser ter uma conversa, desligue o celular e jogue-o para debaixo do sofá. Um dos maiores empecilhos para a comunicação nos casamentos têm sido os meios de comunicação que se intrometem na conversa do casal. Sabendo disso, mantenha o celular, a TV, o computador e outros aparelhos desligados e longe de vocês nos momentos mais oportunos para conversar, como na hora das refeições, quando forem se deitar e nos horários reservados para o *tempo de amar*.

O grande segredo é ouvir para entender, e não para responder. Há momentos em que ouvimos impacientemente, apenas aguardando nossa hora de responder — o que fazemos, às vezes, antes mesmo que o outro conclua seu pensamento. Agir assim é loucura.[9] Devemos exercitar a paciência, dando tempo ao cônjuge para formular as ideias e expressá-las, sem pressa para respondê-las ou, pior, rebatê-las.

PRINCÍPIO 2: SEJAM TARDIOS PARA FALAR

Precisamos ser cuidadosos na hora de falar. Nossas palavras são como facas: podem ser extremamente úteis ou extremamente mortais. A grande dica que a Bíblia dá para não ferir os outros ou a si mesmo com palavras é falar menos.[10] Tornamo-nos prisioneiros das coisas que falamos, principalmente das que falamos sem pensar,[11] e teremos de dar conta de toda palavra inútil que tivermos falado.[12]

Evitem falar demais, principalmente quando estiverem irritados. Nessas horas, falamos o que não sentimos de verdade, bem como coisas que jamais gostaríamos de ter dito. O maior problema de falar demais é que não dá para desdizer a palavra que foi dita, assim como seu cônjuge não consegue "desouvir" a palavra que foi ouvida. Palavras ditas não podem ser recolhidas. Ainda que haja um pedido sincero de desculpa e um ato sincero de perdão, os efeitos venenosos de palavras "mal-ditas" continuam a ferir a alma de quem falou e de quem ouviu.

Uma técnica para ser tardio para falar, principalmente em momentos de irritação, é *escrever* o que você gostaria de dizer. Precisamos pensar mais para escrever do que para falar, e esse simples ato de colocar as palavras no papel já serve de filtro para evitar muita coisa desnecessária. Melhor ainda será se você guardar o que escreveu até o dia seguinte e dar mais uma lida antes de entregá-lo. A raiva terá passado, e você irá até considerar se o que está escrito ali vale a pena ser dito. E ficará, sem dúvida, muito contente de não ter dito nada.

Ser tardio em falar é ser sábio e conhecer a hora certa e o modo certo de agir.[13] Muitas vezes isso significa engolir um sapo, contar até mil para depois dizer palavras precisas, que tragam cura em vez de mal.[14]

PRINCÍPIO 3: SEJAM TARDIOS PARA SE IRAR

Palavras ríspidas despertam a ira de quem ouve.[15] Muitas vezes, enquanto exercemos nosso papel de ouvintes, iremos escutar coisas que nos desagradam e nos revoltam profundamente. Nesse ponto, precisamos aprender a controlar a ira porque "a ira do homem não produz a justiça de Deus".[16] A justiça de Deus, sem dúvida, é mais eficiente e certeira do que qualquer palavra que vocês disserem sob o efeito da ira. Há alguns segredos que nós desvendamos agora para vocês que podem ajudar a segurar a vontade de começar uma briga.

O primeiro segredo para sermos tardios em nos irar é fugir da situação que provocou a ira. Se foi numa conversa com seu cônjuge, respire fundo e diga com mansidão: "Preciso fazer uma pausa de dez minutos. Com licença". Então, saia correndo dali! Não se exponha à tentação de ser inflamado pela discussão.

O segundo segredo está em entregar sua revolta a Deus no exato momento em que a ira explodir em seu coração. Não é fácil, mas se entregarmos a situação a Deus só mais tarde, muito provavelmente já teremos dito o que não deveríamos, e então, em vez de fazer uma oração pedindo ajuda, teremos de fazer uma oração pedindo perdão. Assim, enquanto foge do cenário da ira, peça ajuda a Deus para injetar mansidão em seu interior. Tenha certeza de que o Senhor não rejeita uma oração sincera porque ele, mais do que qualquer ser humano, está totalmente pronto para nos ouvir.

O terceiro segredo é evitar provocar a ira no outro. Se vocês costumam a trocar acusações, mudem a abordagem. Em vez de focar no que o outro fez e dizer "você só reclama!", compartilhe como você se sentiu, explicando: "Fico chateado(a) quando você só vê o lado negativo das coisas". Também, equilibre suas palavras com seu tom de voz. Muitas vezes não é o que vocês dizem que machuca, mas *como* dizem.

Se a ira for algo frequente em seu comportamento, faça disso um motivo constante de oração. Peça a Deus para lhe dar um coração mais manso, menos briguento e mais tolerante. Peça também para o Senhor libertar seu coração de sentimentos que o afastam dele e de seu cônjuge.

Por fim, entendam que seu cônjuge não é seu inimigo. As conversas entre vocês não devem ser um campo de batalhas no qual quem fala por último é o vencedor. Não procurem vencer a guerra, pois vocês fazem parte do *mesmo* time, e quem luta contra si mesmo só irá se enfraquecer.[17] Empenhem-se em encontrar a solução para construir uma história baseada em palavras amáveis, que tragam cura e felicidade *#parasempre*.[18]

FIM

Atividade

REESCREVA O EPISÓDIO

Qual é o objetivo de Deus com a comunicação entre as pessoas?

_____
_____
_____

Quais são os três princípios de Deus para a comunicação?

1. _____
2. _____
3. _____

E quais são os três segredos para evitarmos a ira?

1. _____
2. _____
3. _____

Atividade

CENAS DOS PRÓXIMOS CAPÍTULOS

Vocês acreditam que apenas duas perguntas podem ajudar muito a comunicação no seu casamento? É uma atitude simples, mas que, colocada em prática, será uma mão na roda para impulsionar uma história de amor linda e bem comunicativa!

Vamos lá?

Pergunta 1: O que eu fiz para você se sentir bem hoje?

Pergunta 2: O que eu fiz que deixou você triste hoje?

Perguntem-se isso com sinceridade, e não apenas por perguntar. E estejam dispostos a ouvir as respostas, sem impaciência nem retaliações. Sejam **prontos para ouvir, tardios para falar e tardios para se irar.**

ERROS DE GRAVAÇÃO

Quais são os principais erros de uma comunicação saudável no casamento?

LER PENSAMENTOS

Quantas vezes agimos como se soubéssemos tudo o que o nosso cônjuge fosse falar e, por isso, respondemos antes de ele terminar a frase? Podemos até saber o que ele vai dizer, porém, isso não nos isenta da responsabilidade de estarmos prontos para ouvi-lo. Ouvir não significa somente emprestar as orelhas, mas também os olhos, o coração e a mente.

SER DESRESPEITOSO

Falar só por falar e ouvir só por ouvir não é sinônimo de comunicação. O diálogo

VOLTAR PARA O MENU

deve ser praticado com todo o respeito, seja do lado de quem fala, seja do de quem ouve. Assim, evitem o desrespeito: não revire os olhos enquanto o cônjuge fala, não o ignore quando ele fala com você, não o deixe falando sozinho e nem desvie o olhar para a tela de celular, computador, tablet etc. Olhe nos olhos enquanto conversam.

NOTAS

1. Gênesis 1:1-26; Hebreus 1:1-3
2. Mateus 12:34
3. Salmos 139:4
4. Gênesis 1:26
5. Mateus 14:23; 26:36; Lucas 6:12; 9:28; João 17
6. Marcos 1:11; Hebreus 5:5
7. Romanos 8:26,34
8. Amós 3:3
9. Provérbios 18:13
10. Provérbios 10:19
11. Provérbios 6:1-2
12. Mateus 12:36
13. Eclesiastes 8:6
14. Provérbios 12:18
15. Provérbios 15:1
16. Tiago 1:20
17. Lucas 11:17
18. Provérbios 16:24

CHEGA DE SUSPENSE

Lidar com finanças é algo que, querendo ou não, faz parte da vida, principalmente durante o casamento. Há casos em que o dinheiro é um problema na vida do casal; no entanto, quando bem administrado, pode ser bênção e pode também contribuir para a construção de uma bela história de amor.

ASSUNTOS Dinheiro
Ídolos
Riquezas
Recursos
Orçamento
Generosidade
Administração

Atividade

ESCREVA A CENA

Vocês dois conversam sobre como usar o dinheiro ou o tema vem à tona somente depois que o dinheiro já foi gasto? Vocês organizam juntos a vida financeira da casa ou um dos dois é responsável pelas finanças? Vocês entram em acordo quanto aos gastos ou cada um faz o que quer?

Escrevam na página seguinte como vocês normalmente conversam a respeito das finanças da casa. Se precisarem de mais espaço para escrever, usem os adesivos de balões de fala encartados no livro. Vocês também podem usar as outras figuras adesivas para expressar melhor as reações de cada um quando estão tratando da administração do dinheiro.

ELEMENTOS DA TRAMA

1. ÍDOLOS

Ídolos não são apenas entidades representadas por estátuas. Deus é a verdadeira fonte de toda felicidade, satisfação e realização do ser humano, e as boas coisas que desfrutamos na vida são dádivas dele para revelar a nós a sua bondade. Mas quando essas coisas tomam o lugar do Senhor em nosso coração, quando transferimos a elas a nossa sensação de segurança e realização, elas se tornam um ídolo. Como vocês bem sabem, Deus abomina qualquer idolatria.[1]

2. RIQUEZAS

No mundo de hoje, as pessoas são avaliadas de acordo com o que elas possuem. Deus, porém, não olha para as pessoas assim. Jesus ensinou que a vida do ser humano não deve ser avaliada de acordo com a quantidade dos seus bens, e também revela que é loucura possuir dinheiro aos olhos dos outros, mas não ser rico para com Deus.[2]

3. RECURSOS

Tempo, dinheiro, saúde, inteligência, criatividade e muitas outras coisas são recursos que pertencem a Deus, mas que ele compartilha conosco para investirmos no bem das pessoas que estão ao nosso redor.[3]

4. ORÇAMENTO

Uma vez que todas as coisas pertencem a Deus e ele as coloca em nossas mãos para administrarmos, devemos ser bons gestores dos recursos que nos foram confiados. Em relação ao dinheiro, isso significa realizar um planejamento e um orçamento. Não é preciso fazer nada detalhado, mas cada família deve saber, sim, o quanto entra e o quanto sai em casa.

5. GENEROSIDADE

As riquezas de uma pessoa podem ser motivo de angústia ou satisfação, dependendo de como ela as vê. Quem coloca nas riquezas a sua segurança, sempre está com medo de perdê-las. Por outro lado, quem é generoso com o que possui vê seu patrimônio aumentar dia a dia.[4]

 > **DINHEIRO**

PLAY ▶

"... e eles viveram felizes para sempre!"

É assim que acabam os contos de fadas, não é mesmo? E o que significa ser "feliz para sempre" em uma história assim? Quer dizer que o mal foi derrotado, que os protagonistas encontraram o amor de sua vida, e que viverão a eternidade num belo castelo, onde não terão falta de nada. Nunca terão de pagar um boleto, fazer um financiamento, pegar um empréstimo, atravessar uma crise econômica nem nada disso.

Essas coisas são para meros mortais.

Espere um pouco! *Nós* somos meros mortais! Por um lado, podemos e devemos ser casados e felizes *#parasempre*, mas, por outro, viver sem boletos e com dinheiro de sobra ainda não é nossa realidade. Isso realmente só acontecerá na eternidade. Assim, por mais lindo e romântico que o casamento possa ser, prestações e contas fazem parte do dia a dia de uma família de verdade.

É INGENUIDADE ACHAR QUE DINHEIRO NÃO TEM UM PAPEL EM SUA HISTÓRIA DE AMOR

Isso é só para contos de fada. No mundo real, o dinheiro tem bastante peso na relação *A2*. Faltando ou sobrando, ele é o pivô de muitas brigas entre casais quando não há consenso nem acordo quanto à forma de o dinheiro ser administrado. E mesmo em relação a ser romântico, o uso ou o não uso do dinheiro pode gerar frustrações quando, por exemplo, um cônjuge espera que o outro seja mais generoso com um presente ou um passeio, enquanto o parceiro acha que jantar macarrão instantâneo à luz de velas já está de bom tamanho.

Pessoas casadas e felizes #parasempre lidam, sim, com o dinheiro em todo momento. Não podemos fazer de conta que ele não existe e menos ainda imaginar que jamais irá afetar o casamento. O dinheiro é tão influente que foi a única coisa à qual Jesus atribuiu o *status* de deus,[5] e sobre o qual a Bíblia diz que, se o amamos, ele se torna a fonte de todos os nossos males.[6]

O dinheiro não é mal em si, mas é muito poderoso. Pesquisas têm mostrado que o poder do dinheiro é forte o suficiente para destruir relacionamentos. Finanças ocupam o topo da lista dos motivos de separação entre casais,[7] sendo tão graves, ou até mais, quanto a traição.

Poucas coisas conseguem incomodar e interferir em nossa história de amor como as dificuldades financeiras. No entanto, o que temos visto em nosso ministério com casais é que, na maior parte dos casos, os problemas financeiros não acontecem por causa do patrimônio do casal (ou da falta dele).

O PROBLEMA NÃO ESTÁ NO DINHEIRO, MAS NO RELACIONAMENTO QUE SE MANTÉM COM ELE

A solução para corrigir dívida ou ganância não é ganhar um pouquinho mais. Antes, o que precisa ser feito é mudar de atitude em relação ao dinheiro.

Nesse ponto, as pessoas costumam pensar que apenas quem tem dinheiro é que deve se preocupar em como se relacionar com as riquezas, e que quem vive na pindaíba está livre dessa preocupação. Não é bem assim. Como dissemos, o que importa não é o montante que vocês possuem no banco, nem o quanto estão devendo na praça. O que está em jogo é o *coração*. Há pessoas pobres e extremamente apegadas ao dinheiro que elas nem têm, assim como há pessoas ricas e desprendidas do dinheiro que possuem.[8] A questão não é o quanto se tem, mas quem tem o quê.

VOCÊS POSSUEM O DINHEIRO OU O DINHEIRO POSSUI VOCÊS?

Jesus ensina que aquilo em que colocamos nosso coração, as coisas que agarramos com unhas e dentes, são nosso tesouro e nosso senhor.[9] Se nosso coração está nas coisas do alto, então Jesus é o nosso Senhor. Esse é o segredo do casal que deseja viver casado e feliz *#parasempre*, porque apenas em Jesus podemos escrever uma história que terá toda a felicidade que queremos experimentar e muito mais!

No entanto, não é difícil perder o foco e começar a buscar felicidade nas coisas "daqui de baixo", não é verdade? Pensamos que para escrever uma história de amor feliz e que dure *#parasempre* é preciso de uma renda um pouco melhor, de uma poupança um pouco mais gorda, de uma casa um pouco maior, de uma escola um pouco melhor para nossos filhos, de umas férias um pouco mais glamorosas... A lista é infinita!

Desejar essas coisas não é pecado e tê-las também não é! Mas não se pode presumir que são essas coisas aquilo que nos trará satisfação e, assim, dedicarmos toda a nossa energia para conquistá-las.

A verdadeira satisfação não pode ser encontrada no dinheiro, nem em posses, nem em pessoas, nem em relacionamentos. Satisfação plena existe apenas em Deus, porque foi ele quem nos criou e é nele que nossa alma encontrará tudo de que precisa para ser feliz.[10] As demais coisas são demonstrações da bondade do Senhor para conosco, a fim de nos mostrar o tamanho de seu amor e de seu cuidado.

Quando priorizamos em nossa vida qualquer outra coisa que não seja Deus, dedicando a ela nossa total atenção e energia, achando que isso nos dará realização e satisfação, essa coisa se torna um ídolo. Ela pode ter entrado em nossa vida como uma bênção do Senhor, mas nós a transformamos em um substituto de Deus.

É o que acontece com o dinheiro. Ter um trabalho e receber um salário é uma grande bênção. Porém, se a bênção do dinheiro se torna *amor* ao dinheiro, ele vira um ídolo, e a Bíblia diz claramente que a ganância — o amor ao dinheiro — é idolatria.[11] E como todo ídolo, a ganância traz maldição para o lar e para o casamento.

O segredo não é o quanto vocês devem ter, mas *como* devem ter. A ausência ou a fartura de dinheiro não podem se tornar um empecilho em sua vida conjugal, e menos ainda em seu relacionamento com o Senhor.[12] O segredo é ver o dinheiro como um recurso para sua família. Assim como todos os demais recursos, nosso dinheiro pertence ao Senhor. Nossa responsabilidade é administrá-lo segundo os princípios de Deus, provendo conforto e segurança para as pessoas da nossa família e repartindo-o generosamente com aqueles que precisam.[13]

Entender o papel das riquezas na história da sua vida pessoal e na bela história de amor que vocês estão vivendo é o primeiro passo para um relacionamento saudável com o dinheiro. É um recurso que pertence a Deus e que ele nos confiou para administrarmos segundo seus princípios.

Entender isso não é o suficiente para que o casal viva em paz quanto a esse assunto! Existem ainda outros cuidados que vocês podem tomar para que as finanças não sejam um assunto espinhoso em seu relacionamento nem impeçam vocês de viverem uma linda história *A2*.

1. EM PRIMEIRO LUGAR, RECONHEÇAM SUAS DIFERENÇAS

As pessoas geralmente veem o dinheiro de duas formas:

- **Como meio de obter coisas que proporcionem *prazer*. Quem pensa assim, gosta de *gastar* dinheiro.**
- **Como meio de obter coisas que proporcionem *segurança*. Quem pensa assim, gosta de *economizar* dinheiro.**

Quando cada cônjuge vê o dinheiro de um modo diferente um do outro, isso já é o suficiente para iniciar brigas dentro de casa. Um dos dois quer trocar de carro ou renovar a decoração da casa, enquanto o outro prefere investir na previdência privada ou poupar para terem um fundo de reserva em caso de emergência.

232

Quem é quem em seu casamento? Quem é o poupador e quem é o gastador? Ou ambos são gastadores ou poupadores?

Saibam que nenhuma das duas formas é melhor que a outra, e que fazer uma boa administração dos recursos significa equilibrar os dois pratos da balança: o prazer e a segurança. É, aliás, o que a Palavra de Deus nos ensina. Por um lado, o Senhor nos exorta a criar reservas em tempos gordos, como fez José do Egito,[14] e como fazem as formigas do campo no verão, ajuntando mantimento para terem o que comer no inverno.[15] Por outro lado, as Escrituras também nos ensinam a desfrutar o dinheiro que recebemos como resultado do nosso trabalho, pois isso é um presente de Deus.[16] Para sua história não afundar com essas simples, porém fortes diferenças quanto ao dinheiro, o equilíbrio deve estar presente em seu lar a todo instante.[17]

2. EM SEGUNDO LUGAR, COMPARTILHEM TUDO

Quando homem e mulher se unem em casamento, eles se tornam uma só carne, mas é muito comum os casais ignorarem esse fato em relação às finanças e dividirem as coisas em "meu dinheiro" e "seu dinheiro". É como se você usasse um bolso da calça para atender às necessidades do lado esquerdo do seu corpo e outro bolso para atender às necessidades do lado direito!

Isso não faz sentido nenhum. Ser um só significa dividir sonhos, prazeres, preocupações, e também dívidas e salários. A própria Bíblia ensina que a recompensa do trabalho de duas pessoas é maior.[18] Andar em conjunto e ter tudo em comum é sempre a melhor opção.

No casamento não há espaço para "minhas dívidas" e "suas dívidas". As dívidas são agora do casal, não importa quem as contraiu. Também não deve mais existir "meu dinheiro" e "seu dinheiro", apenas "nosso dinheiro", independentemente de quem o ganhou.

Talvez vocês pensem que é uma injustiça um ter trabalhado tanto para que o outro venha e gaste tudo. Mas prestem atenção: se há desavenças quanto ao dinheiro no casamento, isso mostra que o casal está com problemas de confiança em outras áreas da vida A2. Ou seja, o ponto central não é o dinheiro em si, mas a falta de confiança. Assim, o que vocês precisam desenvolver é a confiança entre ambos, que pode ter sido abalada por mentiras, desapontamentos, traições entre outros problemas de relacionamento.

Fortaleçam a confiança entre vocês, sendo transparentes em todas as áreas da sua vida, inclusive em relação ao dinheiro, e vocês começarão um capítulo muito mais tranquilo em sua história de amor.

3. EM TERCEIRO LUGAR, AJUSTEM A VIDA À SUA REALIDADE

O primeiro ajuste que precisa ser feito em relação às finanças do casal é cada um dos cônjuges entender *que não está mais solteiro*. Parece óbvio, não é mesmo? Mas muita gente se esquece desse detalhe e continua gastando dinheiro como fazia antes de casar. Aliás, a mentalidade de "meu dinheiro" e "seu dinheiro" é um indício de um casal que ainda não se ajustou à realidade de que não são mais solteiros.

Duas coisas essenciais mudam com o casamento: há outra pessoa com a qual você deve acertar suas decisões e as despesas de casa aumentam. Se vocês reconhecerem esses dois fatos e gastarem seu dinheiro à luz deles, já evitarão boa parte dos problemas.

Outra adequação necessária é gastar proporcionalmente ao que vocês ganham. Essa é a base de qualquer orçamento familiar. Gastar mais do que ganham só pode resultar em dívida.

Muita gente quer viver o padrão de vida do vizinho ou do amigo bem-sucedido, mesmo sem ter condições. Assim, para conseguir o que não pode manter, a pessoa começa a lançar mão de coisas perigosíssimas para a saúde financeira do casal: cheque especial, empréstimos e cartão de crédito.

Novamente, o problema não está nessas coisas. Às vezes precisamos de mais do que temos, talvez para aproveitar uma oportunidade única de ter a casa própria, ou em casos de tratamentos caros de saúde. O problema é se valer desses recursos para adquirir coisas que vocês *não precisam* e pelas quais não podem pagar. Se estão usando cartão de crédito para comprar o que não têm condições de pagar, livrem-se dele.

4. EM QUARTO LUGAR, EVITEM AS DÍVIDAS

No Brasil, algumas pessoas acham que viver em dívida é normal, e estão até acostumadas a isso. A sabedoria de Deus, porém, nos ensina a vivermos livres de dívidas.[19] Isso porque nos tornamos escravos da pessoa (ou da instituição financeira) a quem devemos.[20] O que Jesus deseja para nós, porém, é que vivamos em total liberdade, não sendo presos por nada, nem mesmo por uma dívida financeira.[21]

Como mencionamos antes, a maior parte das dívidas começa quando se deseja ter o que não se pode bancar. Portanto, para não ter dívidas, a solução não é ganhar mais porque, nesse caso, vocês apenas desejarão ter mais coisas pelas quais não podem pagar. O segredo está em mudar a mente e se contentar com aquilo que podem ter, ou seja, a satisfação: "[...] tendo o que comer e com que vestir-nos, estejamos com isso satisfeitos".[22]

Aqui vão algumas dicas simples para evitar futuras dívidas:

- **Evitem ir a lugares que despertem em vocês a vontade de gastar.** Shoppings, restaurantes e às vezes até mesmo o supermercado são atrativos para gastarmos mais do que podemos. Evitem ir a lugares que despertem em vocês o desejo de possuir coisas. No caso do supermercado, em que uma visita semanal acaba sendo inevitável, criem o hábito de fazer uma lista de compras e mantenham os olhos na lista, e não nas prateleiras!
- **Bloqueiem o comércio on-line.** Nos dias de hoje, não é preciso nem sair de casa para ver coisas diferentes e desejá-las. Milhares de sites de venda fazem isso diariamente. Para quem tem dificuldades em controlar os gastos, o cuidado on-line deve ser redobrado. Alguns passos úteis são desinstalar do celular aplicativos de sites ou clubes de

compras e excluir seu cadastro de listas de e-mail de lojas, vendedores ou fornecedores de serviços que ofereçam descontos. Fuja da tentação! Em muitos casos, nós nem sabíamos que precisávamos de determinado item até aparecer um e-mail em nossa caixa de entrada com uma oferta "imperdível". Se você não ficar sabendo, não vai ficar com vontade.

- ***Reavaliem a necessidade de ter um cartão de crédito.*** Vocês sabem neste exato instante em quantos reais está a fatura deste mês do cartão de crédito? Se não fazem ideia, talvez seja melhor se livrarem dele. Não é porque todos têm cartão de crédito que vocês devem ter também. Algumas pessoas realmente não têm condições de arcar com um cartão, bem como não podem ter plantas ou animais domésticos por não saberem cuidar deles. Não há vergonha em não ter cartão de crédito. Mais importante que ele é ter um orçamento doméstico saudável e uma história de amor feliz e livre de dívidas supérfluas.

FIM

Atividade

REESCREVA O EPISÓDIO

Quais são os quatro cuidados que vocês devem tomar para equilibrar sua história financeira como casal?

1. _____
2. _____
3. _____
4. _____

Qual desses vocês ainda não implementaram em sua vida e vão começar a fazer agora?

_____
_____

Recomendamos

PORQUE VOCÊS ASSISTIRAM A DINHEIRO A2

Em nosso canal do YouTube, a TvA2, há outros vídeos interessantes sobre finanças do casal, aos quais vocês podem assistir e depois fazer uma avaliação juntos.

▶ **COMO VENCER A CRISE FINANCEIRA E PERMANECER JUNTOS**

Atravessar momentos de crise não é mais incomum na vida das famílias brasileiras. Neste vídeo, oferecemos diversas dicas sobre como vencer a crise sem descuidar de sua história *A2*.

▶ **CINCO PASSOS PARA O PLANEJAMENTO FINANCEIRO NO SEU CASAMENTO**

Como fazer o tão temido orçamento financeiro? Neste vídeo, vocês verão que não é um bicho de sete cabeças. Oferecemos algumas dicas para colocar sua vida financeira em dia.

ERROS DE GRAVAÇÃO

Conheçam as armadilhas de uma gestão financeira ruim.

NÃO CONVERSAR SOBRE DINHEIRO

As crises financeiras podem ser minimizadas se os casais combinarem como deverão usar o dinheiro antes de usá-lo. Ninguém tem os mesmos pensamentos em relação a dinheiro, por isso, se não conversarem sobre dinheiro, irão apenas brigar sobre o assunto.

NÃO TER UM ORÇAMENTO DOMÉSTICO

Algumas pessoas desanimam diante da palavra "orçamento" porque acham que é algo complicado e difícil de fazer. Não precisa ser assim. O que realmente importa é combinar o quanto vai ser gasto com o quê, para que os conflitos não existam. Se vocês não sabem onde aplicar o dinheiro que recebem, o risco de gastar com o que não é necessário e ter problemas lá na frente é muito grande.

IGNORAR OS HÁBITOS CONFLITANTES

Muitas vezes os cônjuges têm um perfil similar em termos de gasto de dinheiro (os dois gostam de gastar ou os dois gostam de poupar), mas cada um tem preferência por um tipo de gasto ou de investimento. Ela prefere gastar com viagens; ele quer trocar de carro sempre. Ou ela gosta de ter dinheiro na poupança, enquanto ele prefere investir na aposentadoria privada. Hábitos de consumo e de poupança precisam ser combinados para evitar frustrações.

NÃO RECONHECER O PESO EMOCIONAL DO DINHEIRO

Tem gente que fica feliz quando tem dinheiro e pode gastar, enquanto há quem fique deprimido ao ter de tirar um real da poupança. Não ignorem que o uso do dinheiro, bem como a presença ou a falta dele, possa ser a fonte de ansiedade e estresse em seu casamento. Tratem disso com sabedoria e, se necessário, busquem o conselho de especialistas.

NÃO GASTAR JUNTOS O QUE GANHAM

O trabalho em equipe pressupõe a divisão dos lucros. O casal se dedica muitas vezes a trabalhar intensamente para pagar as contas, mas se esquecem de gastar juntos o dinheiro, investindo-o em seu romance.

PRESENTE

Passa lá no nosso site e baixe gratuitamente a Planilha de Orçamento Familiar — ela irá lhe ajudar a controlar melhor as finanças do seu lar.

Acesse: **www.marciaedarrell.com.br/downloads/**

VOLTAR PARA O MENU

NOTAS

1. Êxodo 20:4-5
2. Lucas 12:13-21
3. Salmos 24:1; 1Coríntios 4:7
4. Provérbios 11:2, 28; Eclesiastes 5:10-12
5. Mateus 6:24
6. 1Timóteo 6:10
7. Leiam mais em **"Briga por dinheiro é o maior motivador de divórcio, diz estudo"**. Disponível em: <www.terra.com.br/vida-e-estilo/mulher/comportamento/briga-por-dinheiro-e-o-maior-motivador-de-divorcio-diz-estudo,f64b470326c00410VgnVCM10000098cceb0aRCRD.html>; **"Não deixe o dinheiro destruir seu casamento"**. Disponível em: <exame.abril.com.br/seu-dinheiro/como-nao-deixar-o-dinheiro-destruir-seu-casamento/>; **"Dinheiro é o 2º maior motivo de separação no mundo, diz livro"**. Disponível em: <www1.folha.uol.com.br/livrariadafolha/2014/01/1392860-dinheiro-e-o-2-maior-motivo-de-separacao-no-mundo-diz-livro.shtml>. Todos os links foram acessados em 12 nov. 2018
8. Provérbios 13:7
9. Lucas 12:34
10. Jó 22:23-26; Salmos 16:11; Salmos 36:9
11. Colossenses 3:5
12. Provérbios 30:7-9
13. Provérbios 21:26; 22:9; Efésios 4:28
14. Gênesis 40
15. Provérbios 6:6-11
16. Eclesiastes 5:19
17. Provérbios 3:21; 2Timóteo 1:7
18. Eclesiastes 4:9
19. Romanos 13:8
20. Provérbios 22:7
21. Gálatas 5:1
22. 1Timóteo 6:8

IR PARA REGISTROS

INÍCIO HISTÓRIAS **REGISTROS**

REGISTRO DE SUA HISTÓRIA A2

Ao longo de nossa história A2, muitas vezes temos de relembrar princípios e reincorporar práticas que deixamos de lado com o passar do tempo. A vida é assim: precisamos rememorar o que já sabemos muito mais do que aprender o que ignoramos.

Por isso, recomendamos que, de tempos em tempos, vocês consultem novamente este livro e reavaliem as diferentes áreas de seu casamento para que o desenvolvimento do casal seja constante. Estas páginas finais servem para vocês avaliarem como estão os diferentes capítulos de sua história de amor cada vez que desejarem reler este livro e relembrar boas práticas para a vida A2. Antes da leitura, deem uma nota para a área que querem tratar, pintando as estrelinhas, e anotem a data em que foi feita esta avaliação.

Exemplo:

ROMANCE

Quando relerem o capítulo, tempos depois, vocês podem avaliar novamente a mesma área.

Exemplo:

ROMANCE

Diferentemente de séries e filmes, aos quais assistimos de acordo com a boa avaliação, nossa sugestão é que vocês revejam mais vezes a área do seu relacionamento que teve a pior avaliação. É por ela que vocês devem começar a reescrever sua história. Como já dissemos, não existe casamento tão ruim que não possa ser consertado, nem tão bom que não possa ser melhorado. Vocês podem, sim, construir uma história cada dia melhor com seu mesmo e antigo amor.

ESPIRITUALIDADE

☆☆☆☆☆ DATA: ____/____/____
☆☆☆☆☆ DATA: ____/____/____

☆☆☆☆☆ DATA: ____/____/____
☆☆☆☆☆ DATA: ____/____/____

☆☆☆☆☆ DATA: ____/____/____
☆☆☆☆☆ DATA: ____/____/____

SONHOS EM COMUM

☆☆☆☆☆ DATA: ____/____/____
☆☆☆☆☆ DATA: ____/____/____

☆☆☆☆☆ DATA: ____/____/____
☆☆☆☆☆ DATA: ____/____/____

☆☆☆☆☆ DATA: ____/____/____
☆☆☆☆☆ DATA: ____/____/____

SOLIDEZ

☆☆☆☆☆ DATA: ___/___/___
☆☆☆☆☆ DATA: ___/___/___

☆☆☆☆☆ DATA: ___/___/___
☆☆☆☆☆ DATA: ___/___/___

☆☆☆☆☆ DATA: ___/___/___
☆☆☆☆☆ DATA: ___/___/___

PAPEL COMO ESPOSA (PARA ELA RESPONDER)

☆☆☆☆☆ DATA: ___/___/___
☆☆☆☆☆ DATA: ___/___/___

☆☆☆☆☆ DATA: ___/___/___
☆☆☆☆☆ DATA: ___/___/___

☆☆☆☆☆ DATA: ___/___/___
☆☆☆☆☆ DATA: ___/___/___

PAPEL COMO MARIDO (PARA ELE RESPONDER)

☆☆☆☆☆ DATA: ____/____/____
☆☆☆☆☆ DATA: ____/____/____

☆☆☆☆☆ DATA: ____/____/____
☆☆☆☆☆ DATA: ____/____/____

☆☆☆☆☆ DATA: ____/____/____
☆☆☆☆☆ DATA: ____/____/____

CRIAÇÃO DE FILHOS

☆☆☆☆☆ DATA: ____/____/____
☆☆☆☆☆ DATA: ____/____/____

☆☆☆☆☆ DATA: ____/____/____
☆☆☆☆☆ DATA: ____/____/____

☆☆☆☆☆ DATA: ____/____/____
☆☆☆☆☆ DATA: ____/____/____

FELICIDADE NO DIA A DIA

☆☆☆☆☆ DATA: ____/____/____
☆☆☆☆☆ DATA: ____/____/____

☆☆☆☆☆ DATA: ____/____/____
☆☆☆☆☆ DATA: ____/____/____

☆☆☆☆☆ DATA: ____/____/____
☆☆☆☆☆ DATA: ____/____/____

ROMANCE

☆☆☆☆☆ DATA: ____/____/____
☆☆☆☆☆ DATA: ____/____/____

☆☆☆☆☆ DATA: ____/____/____
☆☆☆☆☆ DATA: ____/____/____

☆☆☆☆☆ DATA: ____/____/____
☆☆☆☆☆ DATA: ____/____/____

SEXO

COMUNICAÇÃO

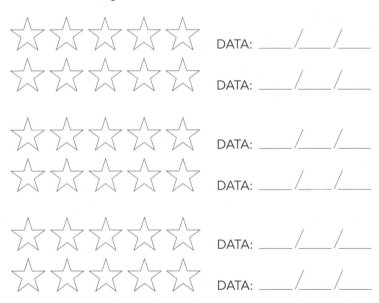

DINHEIRO

ESSA HISTÓRIA NUNCA TERÁ FIM...

Aqui começa um novo capítulo, sendo que o mais empolgante de tudo é que, quando tomamos conta do enredo da sua história, essa série não tem fim, e tudo que vocês farão a partir de agora irá repercutir em seus filhos e netos – saiba que essa história irá transbordar na vida deles.

Por isso, queremos encerrar aqui dizendo que o final deste livro é apenas o final de uma temporada, mas o começo da melhor fase de suas vidas.. E desejamos construir isso junto a vocês. Nosso convite é para que vocês façam parte da nossa comunidade: a COMUNIDADE DO AMOR. Somos pessoas que acreditam no amor, entendem Jesus como elo dessa relação e querem cuidar do seu relacionamento e da sua família.

Em Hebreus 10:25, a Bíblia nos lembra de que precisamos encorajar uns aos outros. Por isso, fazer parte de uma comunidade como essa, ficar perto dessa brasa que queima para o amor do casal é fundamental para sua vida. Vocês não precisam seguir essa caminhada sozinhos. Nós queremos seguir com vocês.

Continuem revendo sua história; sempre precisaremos adaptar algum capítulo ou mesmo reescrever episódios. O casamento é como consertar um avião em pleno voo, ele não vai parar e ainda assim não podemos deixar de acertar os ponteiros.

Por isso, guardem esse livro em sua cabeceira, releiam-no sempre que possível e se abasteçam sempre da leitura da Bíblia, de seu tempo a sós com Deus e de conteúdos da TvA2, que poderão ajudá--los a manter essa chama acessa dessa linda história de amor.

Estaremos conectados com vocês em todas as redes sociais (**@marciaedarrell**) e também lá na TvA2 no YouTube, produzindo conteúdos que irão ajudá--los nos próximos capítulos de sua história.

Se quiser contar para nós as coisas que Deus fez depois que vocês começaram a reescrever sua história, enviem um e-mail para nós (**contato@ marciaedarrell.com.br**), adoraríamos receber seu testemunho. Ah! No nosso site, temos também uma comunidade linda, com uma série de recursos que também irão auxiliá-los no enredo da sua história. Acessem **www.marciaedarrell.com.br**

Continuamos construindo essa história linda, juntos, para que no final vocês também possam falar para o mundo que serão casados e felizes para sempre.

MARCIA & DARRELL

ANOTAÇÕES

CRÉDITOS DAS IMAGENS

Envato Elements pp. 15, 32, 35, 52, 79, 92, 93, 99, 104, 105, 107, 108, 109, 111, 114, 117, 136, 139, 160, 163, 180, 183, 205, 222, 225, 226 e 227. **Freepik** pp. 55, 92, 93, 104, 105, 108, 109, 118, 119 e 00. **Flaticon** pp. 5, 11, 13, 14, 16, 17, 28, 30, 33, 34, 36, 37, 48, 50, 53, 54, 56, 57, 72, 73, 74, 77, 78, 80, 81, 92, 94, 97, 98, 100, 101, 108, 110, 112, 115, 116, 130, 133, 137, 138, 140, 152, 154, 157, 161, 162, 164, 165, 176, 178, 181, 182, 184, 185, 197, 200, 203, 204, 206, 207, 218, 219, 220, 223, 224, 238 e 240. **Unsplash** pp. 96 e 202. **TvA2 - Dicas para Casais (Youtube)** pp. 29, 49, 198, 199 e 239. **Stúdio Marcio Amorim** foto da capa.